餐桌上的經濟學

從18種日常食物，了解政府和財團不說的經濟祕密

張夏準 Ha-Joon Chang——著
羅亞琪——譯

A Hungry Economist Explains the World

suncolor 三采文化

獻給姬廷、維娜和辰圭

目次 CONTENTS

引言

英國從保守飲食轉為接納大蒜，經濟學呢？

醃蒜頭／韓國，我母親的食譜
用醬油、米醋和砂糖醃製而成的蒜頭

很久很久以前，人類生活在混亂與無知之中，這也代表，很多事從以前到現在其實沒什麼變。天國王子桓雄看他們很可憐，降下凡間到今天的韓國創建了神市，並在這座城市裡面提升人類的素質，給予他們律法和有關農業、醫學和藝術的知識。

有一天，一頭熊和一隻虎來找桓雄，牠們看到他做的那些事，知道現在這個世界的運作方式改變了，因此想要改當人類。桓雄答應牠們，只要牠們住進一個山洞，不見天日，只吃大蒜和艾草一百天，牠們就能變成人。熊和老虎決定遵照他的指示進入山洞。

只過了幾天，老虎便受不了了。牠說：「太荒謬了，我不能只靠一些臭臭的球莖和苦苦的葉子過活，我不幹了。」然後牠就走了。熊繼續堅持這樣的飲食，過了一百天後，變成一位美麗的女子，名叫熊女。熊女後來嫁給桓雄，兩人生下一子，成為韓國的第一任國王檀君。

我的國家韓國可以說是建立在蒜頭上的，這一點顯而易見。看看我們的飲食：

韓式炸雞*就是名副其實的蒜頭派對，麵衣裡面有蒜末，炸好後通常會抹上又甜又辣的醬料，再加上更多蒜頭。

有的韓國人覺得，炙烤牛肉薄片醃料裡的蒜末不夠多，怎麼辦呢？他們吃這道菜的時候，會再配上生蒜瓣或烤過的蒜片。

---

*個人認為勝過知名炸雞速食店。

醃蒜頭是非常受歡迎的醃漬食品，使用醬油、米醋和糖醃漬整顆大蒜，蒜苗和蒜芯也會用同樣的方式醃漬。

我們會把蒜芯炒來吃，通常伴著乾蝦米；或者，我們會燙蒜芯，淋上帶點甜味的辣椒醬料。最後還有我們的國菜——韓國泡菜*，通常是用大白菜製作，但其實用其他蔬菜也行。稍微對韓國料理有點瞭解的人，提到韓國泡菜可能會馬上想到辣椒粉，但其實有幾種泡菜不會用到辣椒粉；然而，所有的泡菜都一定會用到蒜頭△。

韓式湯品會以肉或魚做湯底，如果是魚湯底，通常會用鯷魚，但也可能用蝦子、乾燥淡菜甚至海膽；但不論如何，幾乎每一種韓式湯品都會用到蒜頭。韓國人用餐時，餐桌上會擺滿各種稱作「飯饌」的小菜，供人配飯吃；不管這些小碟子裡放的是蔬菜、肉或魚，也不管料理方式是生食、汆燙、煎炒、燉煮或滾煮，大部分都會有生的、炒的或燙的蒜頭在裡面。

我們韓國人不只吃蒜頭，還會加工蒜頭，而且是工業化量產。我們「就是」蒜頭。

在二〇一〇到二〇一七年間，每個南韓人每年消耗七點五公斤的蒜頭，十分驚人[1]。我們在二〇一三年達到八點九公斤的高點[2]，比義大利人吃的七百二十公克多出十倍以上[3]。在吃蒜頭這方面，我們韓國人讓義大利人成了「半吊子」☆。至於英國人和美國人眼中的「吃蒜大師」法國人，一年也只吃了不足掛齒的兩百公克（二〇一七年資料）[4]，連韓國人的百分之三都不到，根本是業餘的！

＊譯註：二〇二一年七月底，韓國文化體育觀光部宣布將「韓國泡菜」的華文譯名定為「辛奇」（Kimchi）。為求便於理解，本書仍使用國人習慣的「韓國泡菜」一詞。

△除非是在佛寺裡，因為僧侶不能吃任何動物製品（這是當然的），也不能吃蒜頭和洋蔥。

☆這是英國詩人兼記者詹姆斯·芬頓（James Fenton）在一九八八年的首爾奧運前夕為《獨立報》進行報導時說的。

好吧，我們並沒有完全吃下七點五公斤的蒜頭。醃漬泡菜的醬汁裡有很多蒜頭，而醬汁最後通常會被倒掉*。吃炙烤牛肉薄片或其他醃肉時，很多蒜末也會留在醃肉的醬汁中。可是，就算浪費了這麼多蒜頭，七點五公斤扣除這部分後依然是很龐大的量。

假如你一輩子都跟吃蒜怪物生活在一起，你不會感覺到自己吃了多少蒜頭。一九八六年七月下旬，我二十二歲，搭上大韓航空的班機準備到劍橋大學攻讀研究所。我並不是完全沒搭過飛機，大概有四次的飛行經驗，曾兩度來回濟州島，也就是韓國本土南方的亞熱帶火山島嶼。總飛行時間並不多，因為首爾飛往濟州島只需要不到四十五分鐘，所以，我當時的飛行經驗連三小時都不到。然而，讓我緊張的不是搭飛機這件事情。

這是我第一次離開南韓。我不是因為家境不好才沒出過國，我父親是高階公務員，所以我們家雖稱不上富有，日子也過得挺舒適的，有能力出國度假。但，在那個時候，南韓人不可以為了休閒出國，政府根本不會基於休閒的理由來發放護照。當時，韓國正在經歷政府領導的工業化時期，政府希望出口賺到的每一塊錢，都能用來添購經濟發展所需的機器和原料，外匯絕對不可以「浪費」在出國度假這種「無意義」的事情上。

更糟的是，那時候從韓國飛到英國的時間，久到令人不可思議。今天從首爾飛到倫敦只要十一個小時左右。一九八六年，冷戰正值高峰，像南韓這種資本主義國家的飛機不可以飛過共產主義的中國或蘇聯，更別說北韓。所以，我們必須先花九小時飛到阿拉斯加的安克拉治，用兩小時整補——飛機補充燃油，我則補充日式烏龍麵，這可是我離開韓國吃下的第一餐。接著，再飛九個小時到歐洲，但不是到倫敦。大韓航空那時候還沒有直飛倫敦的班機，所以我在巴黎的戴高樂機場待了三個小時等候轉機。因此，我從首爾的金浦機場到倫敦的希斯洛機場總共花了二十四小時，十九個小時在空中、五

＊有時候，韓國人也會食用泡菜的醬汁，通常是加在炒飯裡，特別是泡菜炒飯。韓國人也會把醬汁倒進平淡無味的湯麵，或者在沒東西可配著吃時拌進白飯裡。

個小時在機場。這趟路程遠到簡直像是前往另一個世界一樣。

讓我感覺像身處在另一個世界的，不只是地理上的距離。對於語言隔閡、種族差異和文化偏見，我已在某種程度上做好了心理準備；英國夏天的白晝持續到晚上十點，冬天則在下午四點就天黑，這件事我也可以忍受。夏日最高溫可能只有十五、十六度，不像韓國的夏天有如熱帶氣候，可達氣溫三十三度、濕度九十五％等，雖然這一點很難接受，但我也不得不釋懷；就連這裡的雨我也可以忍下來，雖然我原本不知道這裡的雨竟然可以下得如此頻繁*。

真正給我帶來創傷的是食物。在韓國的時候，我就被警告英國的食物並不好吃（書上寫的，因為當時很少有韓國人真的去過英國），但我完全沒料到實際上有這麼糟。

好吧，我是有在劍橋找到幾樣喜歡的東西，例如牛肉腰子派、炸魚薯條和康瓦爾餡餅，但大部分的食物都很難吃——這已經很委婉了。肉類往往煮得過老、調味不夠，除非搭配肉汁醬一起吃，否則根本難以下嚥；而肉汁醬有的很美味，有的卻很糟糕。我很愛的英式芥末醬便成為我對付晚餐煉獄的祕密武器。蔬菜則往往燙得太久，完全失去口感，只有加鹽才能讓人吃得下去。有些英國友人會勇敢地辯護，說他們的食物調味不多（呃，是根本沒味道吧），因為食材本身品質很好，不應該用「醬料」之類的花招毀了它們，那些不光明磊落的法國人喜歡用一堆醬料，是因為他們必須掩飾不好的肉和老掉的菜。我在劍橋完成第一年學業後造訪法國，第一次嚐到真正的法國菜，上述論點的任何一絲可信度瞬間土崩瓦解。

簡而言之，一九八〇年代的英國飲食文化真的非常保守。英國人不吃任何不熟悉的食物。人們帶著近乎宗教式的懷疑眼光和發自內心的反感看待任何被視為「異國」的食物。除了完全英化、品質通常都很可怕的中式、印式

---

*但是雨勢沒有很大。韓國的降雨量跟英國差不多，一年約一千兩百到一千三百毫米，但是韓國的雨季集中在夏天，所以完全不像英國那樣頻繁。

和義式料理之外，你沒辦法吃到任何不一樣的料理，除非是到蘇荷區或者倫敦其他比較前衛的地區。在我看來，現在不復存在、當時非常流行的披薩連鎖店Pizzaland，正是英國飲食保守主義的象徵。Pizzaland深知披薩太過「異國」，可能使英國人心靈受創，於是便提供選項，讓顧客可以在披薩上添加烤馬鈴薯，藉此吸引客人。

當然，就跟所有和「異國」有關的討論一樣，如果仔細觀察，就會發現這種心態很可笑。英國人最愛的聖誕大餐包括北美的火雞、祕魯的馬鈴薯、阿富汗的胡蘿蔔和比利時的抱子甘藍。但是不管怎麼說，當時的英國人就是拒吃異國菜。

在所有的「異國」食材之中，這個國家的公敵似乎是大蒜。在韓國的時候，我已經耳聞英國人不喜歡法國人對蒜頭的偏好。據說，英國伊莉莎白女王討厭蒜頭討厭到她住在白金漢宮或溫莎城堡時，不允許任何人在那裡吃蒜頭。然而，到達英國以前，我並不曉得吃蒜頭這件事會招惹多大的批評。對很多英國人來說，那是野蠻人的舉止，或至少是對周遭人士的被動攻擊。我有一個東南亞的朋友曾告訴我她的親身經歷，她的房東來到她跟印度男友一起租下的房間後，聞了聞，然後很兇地問是不是有人在裡面吃蒜頭。我猜，那個房東認為棕色人種沒人管的時候就會做這種事。值得一提的是，這個房間並沒有開伙設備。

我竟然搬到一個把韓國人生命中不可或缺的重要食材當成公然侮辱、甚至是一種文明威脅的國家。好吧，我說得太誇張了。英國超市還是買得到蒜頭，雖然他們的蒜頭看起來又小又營養不良；英國食譜書裡的義式料理確實有加蒜頭，但是我覺得有必要放好幾瓣，他們卻只放了幾片；即使學生餐廳供應的某些異國料理號稱有加蒜頭，我也無法肯定他們真的有加。為了逃離這個飲食煉獄，我開始自己煮飯。

然而，我當時的廚藝滿有限的。那個年代，許多韓國媽媽甚至不讓兒子進到廚房，最常聽到的就是：「如果你進去廚房，小雞雞*會掉下來喔！」

* 韓國人會說「小辣椒」，顯示了我們有多喜歡香辣的食物。

廚房是女人的地盤。不過，我的母親沒有那麼傳統，所以我跟大部分的男性朋友不同，可以在廚房做一些事，例如煮碗好吃的泡麵（要煮得好吃出人意料地難）、做個可口的三明治、用在冰箱和櫥櫃隨便找到的食材弄個炒飯之類的。可是，那些算不上什麼底子。此外，我也沒有足夠的動力。

首先，我一個人住，只為自己做菜實在沒什麼意思。其次，二十幾歲的時候胃口很好，正如韓國俗諺「二十幾歲連石頭也能消化」所說的那樣，所以就算學生餐廳供應又乾又沒味道的烤羊排，或者我在餐廳吃到魔王中的魔王——煮過頭的義大利麵，我照樣有辦法狼吞虎嚥地吃下肚。因此，我在劍橋的前幾年，從攻讀研究所直到成為年輕的教職員，都只有偶爾下廚，導致我的廚藝進步得十分緩慢。

這帶來了一個危機。我的廚藝沒有進展，但是我對食物的知識卻飛快增長。就像那句老話，身為一個學者，我可能理論比應用還強。但，這道飲食鴻溝變得愈來愈大了。

我來到英國時，正是飲食革命即將展開的時候。英國人抵抗「異國」食物的雄偉高牆開始出現裂縫，外來的飲食傳統也趁隙而入。同一時間，英國料理正慢慢升級、改造，跟新的風格融合。廚師、餐廳評論家和美食評論家變成名人。食譜書的數量開始追上園藝書——英國人特愛園藝，還有哪個國家會在晚間的尖峰時段播放園藝節目？

許多料理書籍開始添加食物的歷史和文化評語，而不是只收錄食譜。這些改變再加上我到各國旅行的經歷，讓我愈來愈常碰見過去一無所知的料理。我覺得有趣極了，開始嘗試不同的食物，在書店翻閱食譜書，而且也買了不少本；我也很喜歡閱讀報紙上的美食評論與專欄。我展開了自己的飲食革命。

其實，韓國比英國更像一座飲食孤島，只是我們原本的食物好吃很多。那個時候的韓國除了中國和日本餐廳，幾乎沒有其他異國食物，只有所謂「輕西式」的料理，說穿了就是「日本化」的歐洲菜。常見的有：日式豬排，也就是用豬肉製作的維也納炸排，不像原本的奧地利料理採用小牛肉；

漢堡排，使用洋蔥和麵粉等便宜材料取代大部分的牛肉，蒼白無味地模仿法式碎肉牛排；此外，還有非常不怎麼樣的肉醬義大利麵。當時漢堡很少見，只有高檔百貨公司的美食街會販售，而且也沒有很好吃。

漢堡王一九八〇年代中期在韓國開幕是一件文化大事，而必勝客在一九八五年來到首爾，大部分的韓國人也差不多在這個時候才第一次知道披薩這個東西。我在來到英國、為了工作或度假到歐陸旅行之前，從來沒吃過真正的法國或義大利料理。那時，韓國只有寥寥幾間法國和義大利餐廳，供應極度美國化的餐點。日本或中國以外的亞洲料理同樣充滿神祕感，沒有泰國菜、越南菜或印度菜，更別說來自希臘、土耳其、墨西哥或黎巴嫩等遙遠國度的菜餚了。

我在一九九三年結婚後，我的餐飲理論和應用之間的鴻溝開始縮小，因為我開始認真做菜。我的太太姬廷從韓國搬到劍橋來，她不敢相信我有十幾本食譜書，卻從未煮過任何一道料理。我的公寓只比一張大地毯大一點點，很缺收納空間，因此姬廷合情合理地說，這些書如果用不到就得丟掉。

我從克勞蒂亞·羅登（Claudia Roden）的經典著作《義大利的食物》（*The Food of Italy*）開始學做菜。義大利料理——尤其是南義的食物——會用到韓國人喜愛的一些關鍵食材，像是蒜頭、辣椒、鯷魚、茄子、櫛瓜，所以我很自然地從這裡下手。我學會的第一道羅登食譜是焗烤茄子義大利麵，裡頭加了茄汁和莫札瑞拉、瑞可塔和帕瑪森這三種乳酪。這道菜餚經過我個人微調之後，至今依舊是我們家的最愛。

安東尼奧·卡路丘（Antonio Carluccio）的書教了我許多有關義大利麵和燉飯的烹飪技巧。義大利料理是我的強項，但我也很喜歡烹煮法式、中式、日式、西班牙、美式、北非和中東的料理（以上是隨意排序的）。此外，我也學了很多很棒的英式料理食譜，特別是德莉亞·史密斯（Delia Smith）、奈傑爾·斯萊特（Nigel Slater）以及奈潔拉·勞森（Nigella Lawson）的食譜——這些就像是我們當時身處新時代的見證一樣。我很少煮韓國菜，因為姬廷煮的韓國料理很棒，所以我明智地不跟她較勁。

我在學做菜的同時，英國的飲食革命正進入一個重要的新階段。想像一下，在一九九〇年代中期某個魔幻似仲夏夜之夢的夜晚，英國人終於醒來，驚覺自己的食物很難吃。一旦你像當時的英國人那樣承認自己的食物很難吃，就能夠敞開心胸接納世界上的各種料理。沒有必要堅持印度菜比泰國菜好吃，或者喜歡土耳其料理勝過墨西哥料理——任何東西只要美味都很好。那是多棒的一種自由啊。英國人願意平等看待所有的選項，讓他們發展出全世界最成熟的飲食文化之一。

英國變成一個很適合老饕的地方。倫敦什麼都有：街上餐車販售便宜又美味的沙威瑪，半夜一點也吃得到；也有貴到令人想哭的日本懷石料理。總之，應有盡有。口味從鮮明搶戲的韓國味到低調暖心的波蘭味都一應俱全。你可以選擇複雜的祕魯料理，同時參雜伊比利、亞洲和印加的元素，或者選擇簡單卻美味多汁的阿根廷牛排。

大部分的超市和食品專賣店都有販售烹煮義大利、墨西哥、法國、中國、加勒比海、猶太、希臘、印度、泰國、北非、日本、土耳其、波蘭甚或韓國料理所需的食材。如果想找某種比較特殊的調味料或食材，你很有可能找得到。根據我一個當時在英國當交換學生的美國朋友所說，這可是個在一九七〇年代晚期，想在牛津買橄欖油只能去藥局的國家*（當時橄欖油的用途是軟化耳垢）。

當然，全球都有這樣的趨勢。隨著跨國貿易、跨國移民和跨國旅遊的增加，全世界的人對異國食物變得愈來愈好奇和開放。然而，英國不一樣，或許可說是獨一無二，因為自從在食物方面誠實面對自我的那一刻起，這個國家對於吃進嘴的食物完全放開了。在飲食傳統十分堅強的義大利和法國，人們對於改變深具戒心又神經敏感。你可以在那裡找到偉大的國民美食，但是除了美國速食連鎖店、廉價的中國餐廳、幾間販售中東豆泥球或是土耳其烤肉的店家（有的很不錯，但是不一定），也許再加上一家價位超高的日式餐廳外，就沒有別的了。

* 今天（二〇二二年一月十四日）上網查，查到 Tesco 的網站列出四十三種橄欖油，Sainsbury's 有六十種，Waitrose 有七十種。

被吸入黑洞的經濟學世界

當我的飲食宇宙正以光速擴張時，我的另一個宇宙——經濟學——卻被吸入黑洞之中。一直到一九七〇年代，經濟學充斥著各種多元的學派，每個學派的眼界和研究方法都不一樣，這裡只列出最重要的幾個：古典學派、馬克思主義、新古典學派、凱因斯主義、發展學派、奧地利學派、熊彼得主義、制度學派、行為學派等*。這些學派不只同時並存，還往來密切。有時候，它們會拚個你死我活，像是一九二〇和一九三〇年代的奧地利學派和馬克思主義，或是一九六〇和一九七〇年代的凱因斯主義和新古典學派；其他時候，彼此的互動則比較溫和良性。

透過辯論以及世界各地不同政府進行的政策實驗，每個學派都不得不調整自己的論點。學派之間會互相借用不同的觀點，雖然常常沒有說出引自哪裡；有的經濟學家甚至試圖融合不同的理論。一九七〇年代以前的經濟學界滿像今天的英國飲食，有很多不同的菜色，各有優缺點，爭相博取人們的注意力。每一個學派都對自己的傳統感到驕傲，但同時也必須向彼此學習，過程中發生許多刻意或不經意的融合。

但從一九八〇年代開始，經濟學界變得就像一九九〇年代以前的英國飲食：菜單上唯一的菜色就是新古典學派。新古典學派跟其他學派一樣有其優勢，但是也有嚴重的侷限。新古典學派的崛起是一個複雜的故事，這裡無法

* 這些學派擁有不同的視角，因為它們有不同的道德觀和政治立場，以不同的方式理解經濟運作的方式。你不需要知道它們之間的確切差異，但是如果你想瞭解更多，我在上一本書《拚經濟：一本國民指南》（*Economics: The User's Guide*）探討過各個學派的相對優缺點。這裡只要記得一個重點：經濟學不是科學，沒有可供驗證的完美答案。沒有單一的經濟學解答或模型可適用於所有的狀況，要根據一個經濟體的脈絡及其面對的境況，才能選出對的經濟學答案。這也要看你在道德倫理上認為什麼東西對一個國家的國民最重要，這從各國控制新冠肺炎疫情的方法，和其對各國社會經濟造成的後果有很大的差異可以看得出來。經濟學是一門跟人類活動有關的學問，涉及每一個人都擁有的情感、倫理觀和想像力。

詳述*。無論如何，新古典學派今天在大部分的國家占盡優勢（日本、巴西算是例外；某種程度來說，義大利和土耳其也是），使得「經濟學」一詞對許多人來說跟「新古典經濟學」畫上等號。

這種知識上的「單一栽種」方式已經限縮這個領域的知識基因庫。今天絕大多數的經濟學家都是新古典學派，他們之中幾乎沒有人承認其他學派的存在，更別提那些學派的優點了。少數承認其他學派的經濟學家則堅稱，其他學派比較低等。他們認為，有些觀點「根本稱不上經濟學」，像是馬克思學派。這些經濟學家聲稱，其他學派曾經持有的少數有用見解，例如熊彼得主義的革新觀點或是行為學派主張人類理性有限的觀點，早就已經融入經濟學的「主流」，也就是新古典經濟學。他們沒有看出這些只是附加上去的，就像Pizzaland的披薩上添加的烤馬鈴薯△。

有的讀者可能會問：我為什麼要管這些學者有沒有變得思想狹隘、進行知識的「單一栽種」？我的答案是，經濟學並不像學北歐語或試圖找到數百光年外的類地球行星。經濟學對我們生活的影響直接且巨大。

我們都知道，經濟理論會影響政府在稅賦、福利支出、利率和勞工市場規範方面的政策，而這些政策又會影響我們的工作機會、工作條件、薪資和房貸、學貸的還款壓力，進而影響個人的經濟狀況。然而，經濟理論也會形塑一個經濟體長遠的共同前景，因為這些理論會影響相關政策，決定這個經濟體有多大的能力可投入高產值產業、進行創新，並在發展的同時顧及環境

* 這個故事由多種「食材」組成。學術因素當然占了一部分，像是不同學派的長處與短處，還有數學愈來愈常當作研究工具的這一點（雖然促進了特定類型的知識進步，卻也壓抑了其他領域）。然而，新古典學派的興起也跟權力政治大有關係，無論是經濟學學術界內部或外在世界的權力政治。在學術領域的權力政治方面，所謂的諾貝爾經濟學獎（這不是真正的諾貝爾獎，只是瑞典中央銀行「為紀念阿爾弗雷德・諾貝爾所頒發的獎項」）對新古典學派的提倡扮演了重要的角色；在學術領域之外的權力政治方面，新古典學派對任何既有社經秩序蘊含的收入、財富和權力分配狀況本就不會加以質疑，因此特別對統治菁英的胃口。戰後出現的教育全球化現象也協助了新古典經濟學的擴張，由於美國當時有著不成比例的文化軟實力，在這方面發揮的影響最大，這個學派也最先於一九六〇年代在美國獲得優勢。

△ 這不是真正的融合，不像是結合了印加、西班牙、中國和日本元素的祕魯料理，也不像是韓裔美籍廚師張錫鎬（我們沒有血緣關係）結合了美式、韓式、日式、中式和墨西哥式的菜餚。

永續。但，經濟學甚至不只會影響個人層面或集體層面的經濟變因，它還會改變我們這個人本身。

經濟學透過兩種方式影響我們每一個人。首先，經濟學會創造一些想法。不同的經濟理論會對人類本質做出不同的假定，因此盛行的經濟理論會影響人們認定的「人類本質」。新古典經濟學假定人是自私的，因此其盛行使得利己在過去幾十年來變成很正常的行為。做出利他舉動的人不是被笑「魯蛇」，就是被懷疑別有用心、帶著自私的動機。假如行為學派或制度學派的經濟理論當道，我們會認為人類的動機很複雜，利己只是其中之一。在這些觀點中，不同的社會體制可能帶來不同的動機，甚至連形塑動機的方式也不一樣。換句話說，經濟學會影響人們認為什麼才是正常的、人們如何看待彼此、人們為了融入群體會做出什麼行為。

其次，經濟學會影響經濟發展的方式，改變我們的生活和工作，進而塑造我們的樣子。比方說，對於開發中國家該不該用政策干預來推動工業化，不同的經濟理論持有不同的看法。工業化程度不同，則會造就不同類型的人。例如，一個人若住在比較工業化的國家，會比農業社會的人更為守時，因為他們的工作連帶生活的其他部分，都需要根據時間來安排。工業化也催生工會運動，因為大批工人在工廠裡工作，比起農夫更需要彼此密切合作。這些運動會創造中間偏左的政黨，推動較重視平等的政策，即使工廠消失了，就像過去幾十年發生在大部分富國的狀況一樣，這些政策就算會削弱，也不會就此消失。

我們甚至可以進一步主張，經濟學影響了我們的社會型態。第一，不同經濟理論塑造不同類型的人，因此創造出不同的社會。鼓勵工業化的經濟理論就像上面說的一樣，創造出的社會會有更多力量推動更平等的政策。另外一個例子是，一個社會如果信奉人的出發點幾乎完全是自私的經濟理論，這個社會就比較難進行分工合作。

第二，不同經濟理論對於「經濟學適用領域」的界線，有不同的看法。因此，假如某個經濟理論主張許多人認為的必要服務，像是醫療照護、教育、水電、公共運輸、住宅等，通通都該私有化，那麼它就是主張擴張「一元一票」的市場邏輯，同時壓制「一人一票」的民主邏輯（請見〈辣椒〉和〈萊姆〉）。

最後，不同經濟理論對經濟變數亦有不同的影響，像是所得或財富的不平等程度（請見〈雞肉〉），或是勞動力相對於資本、消費者相對於生產者的經濟權利（〈秋葵〉）。這些變數的差異會影響到社會上有多少衝突：如果所得不均的現象較嚴重或勞動權益較少，不僅會讓有權勢者與他們底下的人產生更多衝突，也會讓同樣無權無勢的人之間出現更多紛爭，因為他們要爭奪本來就很小的一塊餅。

這樣一想，經濟學對我們產生的根本影響比它狹義的定義——只關於我們的所得、工作和退休金——還要多。這便是為什麼，我認為每個人至少都要認識一部分的經濟學原理，不只是為了捍衛我們自身的利益，更是為了讓我們的社會變得更好——既為了我們，也為了將來的世代。

我提出這個看法時，有的人會說這門學科是「專家」才能理解的，普通人沒辦法。他們說，經濟學太專業了，充滿術語、複雜的算式和統計數字，大部分人學不來。

可是，真的是這樣嗎？你真的要「在安靜的絕望中硬撐」*，看著世界被你不懂的經濟理論給翻攪捏塑？告訴我，你滿意這個社會的制度嗎？你覺得，政府的觀點和政策有呼應你認為對我們最重要的事物嗎？你認為，納稅義務有公平分攤給普通勞工和世界企業巨頭嗎？在你看來，為了讓每一個孩子都能有最公平的機會獲致成功的人生，該做的都已經做了嗎？你覺得，我們社會的價值觀夠強調社群意識、共同責任和共同目標嗎？我不這麼認為。

現在，好不容易讓你對經濟學產生了興趣，我可不能就這樣拋下你。因此，我試著在這本書裡用食物的故事談經濟學，讓這門學科變得更容易下嚥。但是，話先說在前頭，這些食物的故事大部分都跟食物的經濟無關，食

---

*這是平克・佛洛伊德（Pink Floyd）樂團在《月亮的暗面》（*The Dark Side of the Moon*）這張專輯的一首歌〈時間〉（Time）所說的「英式風格」。但，我覺得現在很多英國以外的人對自己的人生也有相同的感觸。

物的種植、加工、行銷、買賣和攝取等層面，通常不是我要講的經濟學故事的重點，而且關於這些東西，已經有很多有趣的書可看了。我的食物故事有點像某些媽媽為了「賄賂」小朋友吃「青菜」會拿出來的冰淇淋，只是在這本書裡，你可以先吃冰淇淋，再吃青菜——很棒的交易吧！

但，也只是有點像那樣而已。書中的食物故事不算是真正的賄賂，因為賄賂指的是提供獎賞，讓某個人做他不想做的事情。英語系國家的媽媽用冰淇淋引誘小孩吃青菜，是真的在賄賂他們，因為她們心知肚明，青菜確實不好吃。相形之下，印度、韓國和義大利的媽媽則不太需要這樣賄賂，因為她們煮的蔬菜比燙花椰菜、菠菜或胡蘿蔔好吃多了（勇敢反抗花椰菜的美國第四十一任總統喬治．H．W．布希曾說，胡蘿蔔是「橘色花椰菜」）。在這些飲食文化中，蔬菜本身就是獎賞——雖然生活在這些文化裡的孩子，很多還是喜歡冰淇淋勝過蔬菜。

同樣地，我要說的經濟學故事本身也是一種獎賞，因為我讓它們種類多樣、口味豐富，把它們變得比平常更美味。我會提及受到忽視的議題、使用多元而非單一的經濟理論、討論經濟政策在政治乃至哲學方面的影響，並在當前的經濟作法之外，探索其他真實存在或想像出來的實用替代方案。

我喜歡跟朋友一起分享我喜愛的食物，不管是煮給他們吃、帶他們去我最愛的餐廳，或純粹閒聊某些料理再一起流口水。消化、融合不同的經濟理論，使我更加認識這個世界的運作方式，同時有工具去思索、打造一個更好的世界。這讓我深感滿足，我也希望將這種感受分享給我的知識份子讀者。

第一部

克服偏見

Overcoming Prejudices

橡實

古早韓國人「不勤儉」，卻創造經濟奇蹟？

橡實凍／韓國

韓式橡實果凍搭配生菜、小黃瓜、胡蘿蔔和香辣醬油醬料

橡樹的堅果橡實不算是上等食材。有一些美洲原住民（特別是加州的原住民）和日本人過去有吃橡實的習慣，買不起或找不到更好的碳水化合物來源時，便會吃橡實，就像義大利北部的窮人過去會把栗子粉加在麵粉中，製作義大利麵。

韓國人也吃橡實，會把它們做成一種蔬菜凍。我愛吃橡實凍，搭配鹹嗆的洋釀醬油醬料*，能帶出橡實充滿堅果風味又有點苦的底蘊，真是美味極了。只要再加上一些小黃瓜和胡蘿蔔薄片，就成了一道很棒的沙拉餐。

然而，無論我多喜歡橡實凍，我坦承這算不上珍饈。它只是某些情況下你會吃到的小東西：像是爬了一個早上的山之後，光顧山上臨時搭建的食物攤，或是晚上到住家附近的便宜小酒館閒晃的時候。用橡實的確很難做出什麼佳餚。

除非，你拿橡實餵食稱作「黑蹄豬」的伊比利豬。用這種豬的腳製成的火腿，就叫伊比利火腿。要製造品質最好的伊比利火腿，必須使用自由放養的黑蹄豬，而且在生命的最後階段只吃橡木林中的橡實，因此這種火腿稱作橡實伊比利火腿[5]。橡實賦予火腿無可匹敵的堅果風味，雖然我很喜歡吃帕馬火腿配甜瓜，但我認為伊比利火腿才是世界上最棒的火腿。希望我那些在食物方面不肯認輸的義大利朋友能原諒我。這種火腿的價格會如此高昂，顯示很多人同意我的看法，當然都不是義大利人。

＊通常由醬油、麻油以及蔥花、辣椒粉和芝麻粒等調味料（即洋釀）製成。

火腿是西班牙文化的核心，畢竟還有誰會拍一部名叫《火腿，火腿》（*Jamón Jamón*）*的電影？火腿開始變得重要的時候，基督徒正在攻打曾經掌控伊比利半島大部分地區的穆斯林，並在西班牙建立勢力。基督徒和穆斯林有一個重要的區別，那就是前者會吃豬肉，因此豬肉便成為基督徒身分的象徵[6]。

基督徒重新崛起之後，西班牙另一個不吃豬肉的族群——猶太人——也遭受可怕的待遇。一三九一年，許多猶太人被憤怒的基督徒暴民威脅，被迫皈依基督教，否則命在旦夕。皈依的猶太人在公共場所被強迫吃豬肉，以證明他們是真的皈依了。有的皈依者仍偷偷遵循自己原本的宗教，不煮豬肉和甲殼類，也不將乳製品和肉類混著吃，同時繼續其他許多重要的儀式和慶典。

西班牙宗教裁判所在一四七八年成立，其中一個目標就是要抓到這些偽裝的假皈依者——他們被稱作*marranos*，有些人認為這個字源自阿拉伯語的「豬」△。其中一個常見的手法，就是在星期六觀察嫌疑人家的煙囪，如果屋子裡的人遵循猶太教的安息日，那天他們就不會煮飯，煙囪也就不會冒煙。據說，宗教裁判所的法官星期六也會在大街小巷走來走去，尋找沒有飄出烹飪香味的房子[7]。

在一四九二年的一月，收復失地運動完成了，基督徒成功把穆斯林逐出伊比利半島。該年，西班牙王室下令將猶太人逐出基督徒的領土，葡萄牙也跟進效法。許多被趕出西班牙和葡萄牙的猶太人都選擇逃到鄂圖曼土耳其帝國，也就是當時穆斯林世界的中心。知名的土耳其經濟學家丹尼・羅德里克（Dani Rodrik）便是這些人的後裔。他告訴我，他們家族原本的姓氏羅德里格斯（Rodriguez）是典型的伊比利猶太人姓氏。

今天，受到迫害的猶太人會逃到穆斯林國家好像很奇怪，但在當時，這是顯而易見的選擇。跟西班牙或其他基督教國家相比，鄂圖曼土耳其帝國對

---

* 潘妮洛普・克魯茲的處女作，哈維爾・巴登也有出演。

△ 西班牙語的橡實一詞「*bellota*」也是源自阿拉伯語的橡木「*balewt*」，再次證實伊斯蘭教對西班牙文化的影響。謝謝瑞達・謝里夫（Reda Cherif）告訴我這件事。

於包括猶太教在內的小眾宗教寬容許多。蘇丹巴耶濟德二世（Bayezid II）據說張開雙臂歡迎猶太人，還說天主教君王的損失是他的收穫。

在鄂圖曼土耳其帝國，猶太人跟其他非穆斯林一樣必須繳比較多的稅，但是他們可以自由信奉自己的宗教，也擁有自治權，可以按照自己的想法管理社群。猶太人在帝國境內可以從事各行各業，包括宮廷顧問、外交官、商人、匠人、腳夫和石匠。跟某些人所想的不一樣，伊斯蘭教不一定就等於不寬容。

其他關於伊斯蘭教的負面文化刻板印象也禁不起檢視。很多人認為伊斯蘭教是個尚武的宗教，而基本教義派的穆斯林也鼓勵了這種看法。所以，「吉哈德」（*jihad*）這個詞常常被誤指為攻打異教徒的宗教戰爭，但它的原意其實是「朝任何有意義的目標奮鬥」。伊斯蘭教雖帶有一絲軍事意味，卻也十分強調學習的重要。先知穆罕默德便說過：「學者的墨水比殉道者的鮮血更神聖。」沒錯，若不是穆斯林將許多古希臘羅馬的著作翻譯成阿拉伯文，加以保存，讓這些作品可以再翻譯成歐洲語言，也不會有文藝復興了。歐洲的基督徒過去曾忽視或摧毀基督教時期之前的希臘羅馬文本，說那些是異端。

關於伊斯蘭教的另一個刻板印象就是這是一個超塵脫俗的宗教，對科學進展或經濟發展等實用事務沒有興趣。然而，伊斯蘭教一向很重視促進經濟發展的文化價值觀。中世紀的穆斯林世界在數學、科學和法律研究方面，都比歐洲先進許多；其中以巴格達為中心的區域，在十到十一世紀時又特別昌盛。只要看看有多少科學詞彙源自阿拉伯語就知道了——酒精（alcohol）、鹼（alkali）、代數（algebra）、演算法（algorithm，人工智慧的精髓！）等等都是（「*al*」是阿拉伯語的定冠詞）。商業也有高度發展，阿拉伯商人會到各地進行貿易，東至韓國、西至非洲，更別說是地中海世界了。商人的社會地位很高，主要是因為先知穆罕默德自己也是商人。由於是商人的宗教，伊斯蘭教非常看重契約法律。穆斯林國家比基督教國家早好幾百年開始訓練法官；十九世紀之前，你在大部分的歐洲國家不用接受法律訓練就能當法官。

伊斯蘭教還有一項重要的特性，使它比其他文化更容易發展經濟。伊斯蘭教不像南亞的印度教或東亞的儒家思想*那樣擁有階級制度，根據出身限制人們的職業選擇，進而妨礙社會流動。印度教複雜又沒有彈性的種姓制度對社會流動的負面影響眾所皆知。傳統儒家社會的階級制度雖然沒那麼複雜強大，但也不是開玩笑的。儒家社會有某種程度的社會流動，農夫的兒子（僅限兒子）可以通過科舉考試，進入學者官僚的統治階級，但是實際上，這種事很少發生。工商階級的地位只高於奴隸，他們的子嗣連參加科舉都不能。難怪即使到了傳統階級制度已正式廢除的近現代，儒家社會依舊很排斥有天分的年輕人去當工程師或做生意，因為前者被視為受過教育的工匠，後者則像是現代版的商賈。儒家社會在經濟起飛、變得有錢有勢後，這些職業才開始獲得尊重。

相對地，穆斯林文化本身不但不反對發展，還具備許多適合推動經濟的元素，像是強調學習、擁有科學思維、沒有社會階級制度、重視商業、法律和寬容意識強大等。馬來西亞和杜拜證實了伊斯蘭教跟經濟發展是相容的。

無知與敵意讓我們對「外來」文化產生負面的文化刻板印象。我們只看見一個文化令我們不安的負面特質，並把這些國家的社會經濟問題歸咎在它們的文化，卻因此沒看到這些問題真正的原因。

比起文化，對經濟影響更大的是它

文化刻板印象有時候是「正面」的，像是誇大一個社會的優良特質——通常被誇獎的正是我們自己的社會。但這仍然沒有反映現實，使我們無法理解真正在運作的機制。

許多人把東亞的「經濟奇蹟」歸功於該地區的儒家文化，因為這個思想

* 儒家思想是中國哲學家孔子開創的政治和社會哲學（不是宗教）。孔子去世的時間跟希臘哲學家蘇格拉底出生的時候（西元前五世紀初）差不多。

似乎很強調勤勞、節儉和教育。可是，哪一個文化不是這樣？比方說，韓國和迦納在一九六〇年代初期的經濟發展程度相仿——事實上，韓國當時比迦納更窮，前者在一九六一年的平均每人所得為九十三美元，後者則為一百九十美元——但為什麼兩國的經濟後來會發生歧異？美國政治學者薩謬爾．杭亭頓（Samuel Huntington）著有備受爭議的《文明衝突》（*The Clash of Civilizations*）一書，他在解釋這個問題時便認為：「這其中無疑牽涉到許多因素，但……文化肯定占了很大一部分的原因。南韓人重視節儉、投資、勤勞、教育、組織與紀律，迦納人則有不同的價值觀。簡言之，文化很重要。」杭亭頓如此描述儒家文化，便是正面文化刻板印象的完美例子：想正面描繪某個文化，就把符合你敘述的元素挑出來講。

儒家思想理論上提倡認真工作，可是過往的西方訪客卻一直將東亞人說得很懶惰。一九一五年，日本政府請一名澳洲工程師來巡視日本的工廠，提供一些提高生產力和整體改進的建議。工程師說：「觀察你們的工人之後，我感覺你們是非常安逸隨興的民族，不把時間當一回事。我跟一些管理階層聊過，他們告訴我，要改變國家傳統是不可能的」[8]。英國的社會學家和社會改革者碧翠絲・韋伯（Beatrice Webb）在一九一二年參訪日本和韓國時，說日本人具有「令人反感的悠閒觀念和讓人不太能夠忍受的個人獨立性」[9]，還說我的祖先是「一千兩百萬名骯髒、墮落、乖戾、懶惰、沒有信仰的野蠻人，穿著極不得體的骯髒白衣，無精打采地走來走去，住在又髒又臭的泥土屋裡」[10]。這可是從費邊社會主義的創始人口中說出來的。我們可以想像當時典型的右翼白人至上主義者會怎麼形容儒家社會的人。

至於儒家對教育的熱忱，傳統上注重的教育其實只有科舉考試的科目：政治哲學和詩文。這些對經濟發展沒有直接的用處。農業以外的實用技能都受到輕視，如製造東西和作買賣。雖然碧翠絲・韋伯在日本和韓國只看到不守紀律的人民，但杭亭頓等評論家依舊稱讚儒家文化所灌輸的紀律，只不過這種紀律的代價就是一味從眾；另有些評論家認為，從眾的壓力讓東亞人缺乏創意和企業家精神，但是這種說法已經愈來愈站不住腳，因為近年來東亞人產出許多科技革新、原創電影、令人上癮的電視劇和創意音樂。

我還可以舉出更多例子，解構以杭亭頓為首，那種對儒家思想抱持的正面刻板印象。就像我們可以用完全正面的方式看待伊斯蘭教，儒家思想也可以用完全負面的方式詮釋。文化本來就有不同又複雜的面向。伊斯蘭教既有寬容、以法為本、科學思維和重視商業的一面，也有出世、不寬容、尚武的一面。儒家既有勤奮、重視教育、節儉、紀律的一面，也有無法有效讓信奉者認真工作、限制社會流動、貶低工商、壓抑創意的一面。一個社會要用自己的文化原料製造出什麼成品，有很大一部分是自己的選擇，跟政策的實踐有關。

正確的經濟和社會政策在任何文化脈絡中都可以促進發展、機會平等和其他正面的事物。

日本和韓國缺少具備守時習慣和工業紀律的現代勞工。這種勞工是具體行動培養出來的——在學校時就要灌輸守時的習慣和紀律；在透過經濟發展「重建國家」的「愛國戰爭」中強調認真工作的重要性；制定允許較長工時和辛苦工作的勞動法規。

儒家社會的人很注重教育，不是因為孔子強調博學的重要性，而是因為二戰之後引進的土地改革和其他政策增加了社會流動性，進而讓人們重新重視教育。南韓雖然曾有數百年的時間以儒家思想做為官方的國定意識型態，也曾經被另一個儒家國家殖民過，但是日本殖民者在一九四五年離開時，南韓的識字率只有二十二％。差不多同一時間，信奉佛教的泰國在一九四七年的識字率為五十三％，信奉基督教的菲律賓在一九四八年為五十二％，以伊斯蘭教為主要宗教的馬來西亞，在一九四七年則為三十八％[11]。

在一九六〇和一九七〇年代刺激經濟發展的初期，韓國年輕人不太願意從事科學和工程等領域的職業，因為傳統儒家文化對實用技能帶有偏見。於是，韓國政府刻意減少大學的人文社會系所和對這些領域的資助，並大幅縮短最優秀的科學和工程畢業生服兵役的時間。當然，如果沒有適合的工作給他們做，多出這些科學和工程畢業生只會讓他們變成教育水準極高的失業者，就像其他許多開發中國家曾經遭遇的那樣。為了避免這種事情發生，韓國政府利用公共政策干預（請見〈蝦子〉和〈麵條〉）來促進工業化，創造待遇優渥、令人學識獲得滿足的職缺，讓這些科學和工程系所的學生畢業後可以應徵。

有些儒家國家的家庭儲蓄率在全世界名列前茅，例如，在一九九〇年代初期的韓國，家庭儲蓄率占了國內生產毛額的二十二%；在二〇一〇年的中國，家庭儲蓄率則占了國內生產毛額的三十九%，因此人們常說節儉是這些國家的文化特徵，但這是錯的。

在一九六〇年代初期，南韓還是世界上最窮困的國家之一，其包含家戶在內的整體儲蓄率不到國內生產毛額的三%，在一九六〇那一年更是連一%都不到。當時的韓國人窮到根本存不了錢，無論他們是不是屬於儒家文化。

之後的三十多年間，韓國的儲蓄率，特別是家庭儲蓄率，出現大幅成長。這不是因為儒家文化重新復甦的關係；事實上，本質較適合農業社會的儒家文化在這段工業化和都市化的時期反而受到削弱。家庭儲蓄率會上升，主要是因為這個國家成長得太快，人們消費增加的速度跟不上收入增加的速度。除此之外，政府為了盡量多借一點錢給生產者，嚴格限制抵押貸款和消費貸款。也就是說，韓國人必須先儲蓄，才能購買房子、汽車或冰箱等高價商品。

韓國的家庭儲蓄率在一九九〇年代初期達到占國內生產毛額二十二％的高峰，也是世界第一，但是當一九九〇年代後期政府解除相關限制之後，便驟降為三到五％，成了世界上家庭儲蓄率最低的國家之一。現在，這個國家在二〇〇五到二〇一四年之間，家庭儲蓄占國內生產毛額的比例平均只有五％，比一般認為「很浪費」的拉丁美洲國家還少一半以上（智利是十·五％，墨西哥是十一·四％）[12]。

我們不能否認文化會影響人們的價值觀和行為，進而影響一國經濟的組織和發展走向，但是這些影響不能用常見的簡化刻板印象歸納，因為所有的文化都有多重面向，錯綜複雜且不斷變化。最重要的是，在決定個人的經濟行為和全國的經濟表現上，政策比文化強大多了——不管是對吃橡實的韓國人或不吃「吃橡實的豬」的穆斯林來說都一樣。

秋葵

秋葵家鄉與資本主義美國的崛起

克里奧爾燉菜／北美料理，改編自洛里・艾瑞克・伊利（Lolis Eric Elie）的食譜書《特萊姆》（*Treme*）
用秋葵、玉米、豆子、番茄、辣味香腸和蝦子（或螯蝦）煮成的克里奧爾燉菜

我第一次吃到秋葵，是在一九八六年抵達英國幾年後的一間南亞餐廳*。那道菜叫做「*bhindi bhaji*」，菜單翻譯成「炒淑女手指」給不是南亞人士的顧客。來英國前，有些蔬菜我從未吃過，只在書本和電影裡看過，像花椰菜、甜菜和蕪菁等等。可是，秋葵我卻是連聽都沒聽過。

當時因為秋葵被切成了丁，我看不出來這種蔬菜為什麼叫做「淑女手指」，而且我也不怎麼喜歡這道菜。對於那「黏滑」的口感，我有點難以適

應，我直到日後才學到它的專有名詞是「膠質」。

後來，我吃到了比較可口的「炒淑女手指」，沒那麼黏滑、沒有煮過頭、調味也較得宜。我在日本一家餐廳吃過美味的秋葵天婦羅後，對這種蔬菜的印象又更好了。有一次去巴西時，我也享用了雞肉炒秋葵這道菜。我開始喜歡秋葵，雖然它還不是我最喜愛的蔬菜。

然而，我在華盛頓特區的一間南方餐廳用餐之後，完全改觀了。我在那裡第一次吃到秋葵濃湯，風味濃厚、口感黏稠。然後，我在數年前第一次親手製作秋葵料理，這也是我目前為止唯一的一次嘗試。這道菜是出自某本南方食譜書的蔬菜雜煮△，我吃了真是驚為天人，但讓我驚為天人的不是我的廚藝（如果是這樣就好了），而是秋葵賦予這道菜的濃稠口感。初次吃秋葵

---

* 請見〈香料〉，我有說明為什麼使用「南亞」一詞，不用常見的「印度」。

△ 蔬菜雜煮（succotash）的原意是「碾碎的玉米」，最初源自美國東北部的原住民料理。我使用的食譜因為使用肯瓊／克里奧爾料理的「神聖三要素」（洋蔥、芹菜和甜椒）做為基底，加上肯瓊式煙燻香腸（我用西班牙香腸取代）和秋葵，所以變成「南方」口味。

時讓我有些不安的黏滑膠質，竟然是讓這道菜如此滑順、令人舒服、暖心的神奇特質。

秋葵來自植物界「錦葵科」這個顯赫的家族，其著名的成員包括棉花、可可、洛神和榴槤*。秋葵可能源自非洲東北部，也就是今日的衣索比亞、厄利垂亞和蘇丹，但也有另一個同樣強大的理論認為它源自東南亞和印度[13]。根據主流理論，秋葵先是在非洲東北部馴化之後再向外散布，往北到地中海地區，往東到中東、南亞、中國和日本，往西則到西非。很可惜，它沒有來到韓國。

秋葵以及多種其他作物，從西瓜、花生、稻米、芝麻，到黑眼豆、一般常見的香蕉乃至烹煮用的煮食香蕉（請見〈香蕉〉），全都是由非洲奴隸引進美國和美洲其他地區的[14]。秋葵的英文名稱「okra」透露出端倪，因為這個字其實衍生自伊博語，也就是今天奈及利亞的主要語言之一。美國也常用「gumbo」來稱呼這種蔬菜和以它為關鍵食材的菜色，而這個字則源於非洲中部和東南部的語言。

歐洲人占據新大陸之後，開始大規模奴役非洲人。由於美洲原住民經歷了種族屠殺，又受到新引入的疾病摧殘，人口幾乎死傷殆盡，因此歐洲人迫切需要用最低的花費得到遞補的勞工。奴隸販子總共抓了超過一千兩百萬名非洲人。這些人一開始在非洲遭到追捕、囚禁，接著經歷慘無人道、有「中間通道」（the Middle Passage）之稱的橫跨大西洋之旅，最後在美洲被關進「適應營」（seasoning camp），在賣掉前先接受調教，直到完全服從。在這個淪為奴隸的過程中，至少有兩百萬人死亡。

如果沒有這些非洲奴隸和他們的後代，歐洲資本主義國家就得不到廉價的資源來供應他們的工廠、銀行和勞工，像是金、銀、棉花、蔗糖、靛青、橡膠等。沒有這些人，美國不可能變成今天的超級經濟強權。這麼說絕對不誇張。

我們都知道，美國莊園的那些非洲奴隸在生產棉花和菸草時，常常遭到

＊榴槤是東南亞知名的臭水果，我覺得吃起來就像卡士達醬混合藍紋乳酪，而這樣竟然很好吃。

鞭打折磨。但是，很少人知道這些作物對美國經濟有多重要。在整個十九世紀，光是這兩樣產品至少就占了美國出口的二十五％，最高可能多達六十五％。在一八三〇年代的高峰期，棉花占了美國出口的五十八％[15]。沒有棉花和菸草帶來的出口收入，美國沒辦法從當時經濟上較優越的歐洲國家進口經濟發展所需的機器與技術，而英國這個經濟優越的歐洲國家也不可能取得大量的便宜棉花，無法在工業革命期間讓織布廠生產布料。

非洲奴隸不只提供免費的勞力，他們還是非常重要的資本來源（我必須坦承，這件事我不久前才知道）。美國社會學家馬修．德斯蒙德（Matthew Desmond）在《紐約時報》探討奴隸制的影響時寫道：「在房屋抵押貸款尚未出現的數百年前，奴隸被當作貸款的抵押品……在殖民時期，土地沒有那麼值錢……大部分的借貸都是以『人』這種財產為基礎[16]。」此外，德斯蒙德還告訴我們，這些以個別奴隸為基礎的貸款在當時會併在一起，形成可交易債券，就像今天那些合併多筆房貸、學貸和車貸的資產抵押擔保證券（asset-backed security，簡稱ABS）一樣*。這些債券被賣給英國和其他歐洲國家的金融家，使得美國可以動員全球資本，同時讓自己的金融業登上國際舞台。倘若沒有奴隸，美國不會那麼快擺脫最原始的金融產業，成為一個現代經濟體。

非洲奴隸不只建立了美國經濟，還讓地緣政治重新洗牌，使得美國最終成為橫跨美洲大陸兩岸的國家。不過，這不是美國的奴隸促成的。

在一七九一年，聖多明戈（今天的海地）的奴隸在曾經也是奴隸的優秀軍事天才杜桑・盧維杜爾（Toussaint Louverture）的帶領下，起義反抗法籍蔗糖莊園主。盧維杜爾在一八〇二年被法軍抓到，送到法國，一年後在囚禁期間去世。但，一八〇四年，讓—雅克・德薩林（Jean-Jacques Dessalines）

* ABS 經過整合分割，變成惡名昭彰的擔保債務憑證（collateralized debt obligation，簡稱 CDO），在二〇〇八年的全球金融危機扮演了關鍵角色。想要快速讀懂 ABS、CDO 和二〇〇八年全球金融危機，請見《拚經濟：一本國民指南》第八章〈金融：經濟火車頭變頭號亂源〉。

在繼承盧維杜爾成為起義領袖之後，最終成功率領聖多明戈的奴隸驅逐了法國人，宣告獨立。海地一建國便廢除奴隸制，成為人類史上第一個這麼做的國家。

海地革命對美國經濟有一些立即的影響。起義開始時，許多法籍蔗糖莊園主逃到今天美國的路易斯安那州，那裡當時是法國屬地，也非常適合種甘蔗。他們帶來了擅長種植、加工甘蔗的奴隸和較為先進的農業和加工技術，使路易斯安那州的製糖產業更上一層樓。五十年後，路易斯安那州供應了全世界四分之一的蔗糖[17]。

然而，海地革命無意間造成的深遠影響，其實是一八〇三年所謂的路易斯安那購地。當時的法國統治者拿破崙在海地革命得到慘痛的教訓，決定不再理會美洲，特別是位於北美的屬地。這塊領土為了紀念法王路易十四*而取名為路易斯安那，當時涵蓋今天美國領土的三分之一左右，大略從西北部的蒙大拿州一直延伸到東南部的路易斯安那州。美國跟法國協商買下紐奧良港口和今天的佛羅里達州已經好幾年，但是拿破崙決定放棄美洲後，提議把整個路易斯安那「賣」△給美國。

買下路易斯安那之後，美國領土馬上增加一倍。起初，礦業是這塊新領土的主要產業。然而，隨著時間過去，愈來愈多歐洲人來到此地拓居，開始務農，這塊領地因為有大片大片肥沃平坦的土地，於是成為這個國家和世界上其他地方的糧倉（請見〈裸麥〉）。然而，這個拓居地給原住民帶來說不盡的苦難。他們被趕離祖先的家園，許多人最後住在「保留區」，過著窮困與邊緣的生活。還有許多人在抵達保留區之前死於武裝暴力、貧窮和疾病。

路易斯安那購地後來成為美國領土擴張到太平洋海岸的踏腳石。美國不

＊不過，除非你懂法國歷史，否則這裡可能是指之前的任何一任法王路易；法國人給很多國王取同一個名字的習慣真是惱人。

△用「賣」這個字眼是言過其實了，因為法國除了一些面積有限的地區之外，實際上並沒有真的「擁有」這個屬地。當時，法屬路易斯安那大部分的地區仍由美洲原住民掌控，很多地方歐洲入侵者都不曾駐足。因此，拿破崙賣給美國的是「不受法國干預來驅趕原住民」的權利。

斷西進，最後在一八四六年跟英國人買下俄勒岡領地*，並在墨西哥戰爭（一八四六－一八四八年）之後，逼迫墨西哥以破盤價出售三分之一的領土△。

所以，若非海地奴隸發動叛變，法國不會放棄在北美的屬地。這就表示，美國會是一個很大、但是沒有大到涵蓋美洲大陸兩岸的國家，只會占據今天領土東部的三分之一。這種大小的國家能不能發展成全球超級強權，就很難說了。

美國領土跨越美洲大陸兩岸幾十年後，奴隸制才正式在這個國家消失。一八六二年，亞伯拉罕．林肯在美國內戰的這個關鍵時刻宣布解放美國奴隸。一八六五年北方州贏得戰爭後，這變成整個國家的法律。英國早在一八三三年就已終結奴隸制，不過它的工廠和銀行還是繼續靠美國奴隸生產的棉花以及奴隸抵押貸款的債券賺錢。一八八八年，另一個以奴隸為根基的經濟體巴西也廢除了奴隸制。

然而，主要的蓄奴經濟體廢除奴隸制之後，不自由的勞動卻還存在。在整個十九世紀和二十世紀初，約有一百五十萬名印度人、中國人、甚至日本人以契約勞工的身分移民海外工作，取代被解放的奴隸。

契約勞工不是奴隸，但他們沒有換工作的自由，在三到十年的契約期間，擁有的權利也很少。此外，很多契約勞工的工作情形跟奴隸過去的遭遇差不多，很多人真的就被關在以前的奴隸營。巴西和秘魯的日本人、加勒比海地區和拉丁美洲各地的中國人和印度人，以及南非、模里西斯和斐濟的印度後裔等兩百萬人，大部分都是這些大規模跨國契約的結果。奴隸制廢除後，這種契約讓不自由的勞動持續存在了好幾十年，直到一九一七年大英帝國廢除契約勞工制為止。

＊包含今天的俄勒岡州、華盛頓州和愛達荷州。

△包含今天的加州、內華達州、猶他州以及部分的亞利桑那州、奧克拉荷馬州、新墨西哥州、科羅拉多州和懷俄明州。

自由市場派擁護的「自由」真相

自由市場的擁護者常把自由掛在嘴邊，藉此維護資本主義；美國人對於自己擁有「自由企業」的體制深感自豪；自由市場的權威米爾頓・傅利曼（Milton Friedman）與妻子蘿絲・傅利曼（Rose Friedman）所寫過影響力最大的著作就叫做《選擇的自由》（*Free to Choose*）；頂尖的自由市場智庫定期會發表經濟自由度指數，其中最有名的包括傳統基金會（Heritage Foundation）的經濟自由度指數和加圖研究所（Cato Institute）的世界經濟自由度指數。

但，自由市場提倡者所重視的自由其實非常狹隘。首先，他們指的只有經濟方面的自由：公司行號生產、販售最多利潤的商品的自由、勞工選擇職業的自由、消費者購買想要之物的自由。若其他領域的自由——政治或社會自由——與經濟自由互相衝突，自由市場派經濟學家會毫不猶豫地把後者擺第一。

這就是為何米爾頓．傅利曼和弗里德里希．馮．海耶克（Friedrich von Hayek）公開支持智利的軍事獨裁者皮諾契特將軍（General Pinochet）。他們認為在皮諾契特的統治下，由人稱「芝加哥男孩」*的經濟學家所實施的自由市場政策是在捍衛經濟自由，可抵抗薩爾瓦多．阿葉德（Salvador Allende）的「社會主義」政策。阿葉德是人民選出的總統，但他在一九七三年的軍事政變中被殺；他的政策其實沒有那麼社會主義，不過那是另一個故事了△。

除此之外，在這狹隘的經濟自由概念之中，傅利曼和傳統基金會的人最重視的自由，就是資本家和地主等財產所有人，以最有利可圖的方式運用自身財產的自由。別人的經濟自由，像是勞工採取罷工之類集體行動的自由、

---

* 他們是一群曾就讀芝加哥大學的自由市場經濟學家。芝加哥大學的自由市場經濟學很出名，海耶克（一九五〇－一九六一年）和傅利曼（一九四六－一九七七年）都曾在那裡教書。

△ 因此智利是最早實施新自由主義的國家，其他地方要到一九八〇年代才會實施，由柴契爾和雷根領頭（請見〈可口可樂〉）。

強大的福利國家讓待業勞工在挑選新工作時稍微有點龜毛的自由等，如果可能跟財產所有人的經濟自由發生衝突，不是被忽視，就是被說成會妨礙生產。更糟的是，假如某些人被定義為「財產」，像是非洲奴隸，他們的「所有人」就會透過暴力或甚至戰爭強迫他們放棄自由，讓自己能夠自由行使財產權。

在過去一百五十年以來，資本主義會變得比較人道，是因為我們限制了財產所有人的經濟自由——但這被自由市場提倡者視為神聖不可侵犯。社會引進了一些保護政治與社會自由的制度，像是民主制憲、人權法規以及和平示威抗議的法律保障，讓這些自由不再因為可能跟財產所有人的經濟自由發生衝突而受到犧牲。我們已經透過無數法律限制財產所有人的經濟自由，諸如廢除奴隸制和契約勞工制、保障勞工罷工的權益、設立福利國家（請見〈裸麥〉）、限制污染的自由（請見〈萊姆〉）等。

就像秋葵可以把一道菜的不同食材結合起來一樣，這一章的故事也將資本主義在經濟與其他方面的自由與不自由的故事結合起來：非洲奴隸和他們的後裔、美洲原住民、亞洲契約勞工、利用奴隸和契約勞工的歐洲莊園主，以及北美的歐洲拓居農夫。這個故事讓我們明白，資本主義和自由之間的關係其實很複雜、充滿衝突，有時甚至互相矛盾，不像自由市場資本主義的提倡者告訴我們的那樣，是純粹的自由。瞭解這段關係有多複雜之後，我們才能開始瞭解要怎麼把資本主義變得更為人道。

椰子

熱帶多窮國，因為人民只想撿椰子？

鳳梨可樂達／波多黎各
蘭姆酒、椰奶和鳳梨汁

在我三十五歲前，我對椰子的看法非常狹隘又有些負面。我在一九八六年來到英國以前，甚至沒有看過椰子，因為南韓太過北方，椰子無法生長，國家太過貧窮，無法進口像外國水果這樣的「奢侈品」。我唯一吃過的椰子，就是做為異國零食販售的餅乾裡混入的椰子絲。

一九九〇年代晚期，我第一次到墨西哥的坎昆享受熱帶海灘假期，那也是我第一次喝到鳳梨可樂達，從此對椰子完全改觀。我向來很喜歡鳳梨汁，而鳳梨汁跟椰奶和蘭姆酒的搭配，結果十分神奇。那個假期我大概有一半的時間都在喝鳳梨可樂達，另一半的時間則在沙灘和游泳池邊緣追著正在學走路的女兒跑。

吃過許多使用椰奶的菜餚後，我對椰子的評價愈來愈高。首先是泰國咖哩，包括綠咖哩和紅咖哩，再來是馬來西亞和新加坡的叻沙，還有馬來西亞和印尼的椰漿飯，前者是加了椰奶的辣湯麵，後者是用椰奶和香蘭葉煮成的米飯，食用時會搭配叁巴醬（一種辣椒醬）和美味的佐菜，菜色通常是鯷魚乾、炒花生、半顆水煮蛋和小黃瓜片。

到巴西旅行時，我愛上了巴伊亞燉魚湯，是傳統巴西燉魚湯在巴伊亞州加入辣椒和椰奶的做法。當我品嚐到南印度和斯里蘭卡料理時，我完全愛上了椰子；這些料理會用椰奶增添濃醇風味，口味也沒有北印度料理那麼重（我倒不是說我喜歡前者更甚於後者）。

第一次在鳳梨可樂達與椰奶相遇後，二十五年來我也慢慢喜歡上椰子的其他形式。我喜歡椰子水甜甜鹹鹹的清新風味；在東南亞或南美洲吃沙拉時，我一定會在盤子裡裝滿棕櫚心[18]（棕櫚心不一定是椰子樹的棕櫚心，其他棕櫚科的棕櫚心也常常用到）。雖然我基於某些難以抹除的偏見，還是不太喜歡椰絲蛋白餅和其他餅乾裡的椰子絲，但我也開始懂得欣賞某些加了椰子絲的南印度料理，像是桑巴湯和炒椰子蔬菜，儘管還不到特愛的程度。

椰子不只可以吃。未成熟的椰子更是現成的乾淨水源。據說，跨越熱帶海域的遠洋船隻習慣載送未成熟的椰子做為緊急水源。椰子油是很受歡迎的烹飪油，聽說是英國炸魚薯條店最早使用的植物油——炸魚薯條是十九世紀中葉的猶太移民發明的，再次證明了很多「英國」食物其實是外來的（請見〈大蒜〉）[19]。椰子油也是肥皂和化妝品的重要原料；在石油製成的潤滑劑問世前，椰子油在工廠裡被當成潤滑劑；最後，椰子油可以提供甘油，用來製造炸藥（請見〈鯷魚〉）。椰子殼的纖維可以製造繩子、刷子、布袋、蓆子，同時也是床墊的填充物。此外，椰子也是燃料來源，椰子殼可以製成煤炭，椰子油則能夠製成生質柴油，菲律賓人很早便這麼做了。

椰子的用途這麼多，已經成為熱帶自然資源豐富的象徵。至少，很多不住在那個地區的人是這麼想的。

難怪，有一款在英國和加拿大很受歡迎的巧克力棒「Bounty」（物產豐饒之意），內餡就是椰子口味，包裝上畫了椰子樹、蔚藍大海、白沙灘和剖開的椰子。這或許不是世界上最有名的巧克力棒，但還是足以被瑪氏巧克力（Mars）放進迷你巧克力棒慶祝禮盒，跟瑪氏、士力架、特趣、Galaxy、銀河等明星巧克力棒並駕齊驅。

椰子跟熱帶地區的關聯是如此強大，許多經濟學家為了教導學生一些基本的經濟學概念而使用「魯賓遜經濟體」模型，講的便是只有生產和消費椰子的單一商品經濟[20]——雖然《魯賓遜漂流記》根本不曾提過椰子*。

若說椰子在許多人心中是熱帶地區自然資源的象徵，它也常被用來「解釋」該地區常見的貧窮現象。

---

*魯賓遜在孤島上吃到的水果有萊姆、檸檬、葡萄和香瓜。他還種植大麥和稻米：他從沉船上找到了雞飼料袋，原以為是空的，隨手丟棄，後來袋中的穀殼卻長出了這些作物。他也會獵山羊和釣魚來吃。但不論如何，他的飲食裡完全沒有椰子。

富國常會設想，窮國之所以窮，是因為人民工作不夠勤奮。由於窮國大部分都位在熱帶地區，富國往往認為窮國人民缺少工作倫理，因為熱帶的豐富資源讓他們太好過了。富國常想像熱帶地區到處都有食物，香蕉、椰子、芒果等遍地生長，而高溫炎熱的天氣也讓人不需要堅固的住所和很多衣物。所以，熱帶國家的人不用辛苦工作就能生存，結果就變得沒有那麼勤勞。

這個概念常常使用椰子來呈現，雖然大部分是在私下表達，畢竟這個論點帶有侮辱成分。主張「熱帶缺乏工作倫理」的人認為，熱帶國家會窮，是因為當地人都躺在椰子樹下等椰子掉下來，而不主動種植或製造東西。

這個說法貌似合理，但其實完全錯誤。

凡是有點腦子的熱帶國家居民都知道，即使想要得到免費的椰子，也不太會躺在椰子樹下，因為掉下來的椰子可能會砸碎他們的腦袋。掉下來的椰子真的會砸死人，機率大到有個都市傳奇說，椰子比鯊魚更容易害死人，但這是假的。所以，就算你是那個虛構的「懶惰當地人」，你也不會躺在椰子樹下，而是會在別的地方等待，偶爾檢查樹下有沒有掉下來的椰子。當然，如果你想要的話，可以躺著等，但這不是必要條件。

撇開玩笑話，認為大多住在熱帶的窮國人民沒有工作倫理，其實是個完全錯誤的迷思。事實上，窮國人民工作起來比富國人民認真多了。

首先，窮國的工作年齡人口當中，真正有在工作的比例通常比富國高上許多。根據世界銀行在二〇一九年的數據，坦尚尼亞的勞動力參與率*為八十三%、越南七十七%、牙買加六十七%，而在應該有很多工作狂的國家之中，德國為六十%、美國六十一%、南韓六十三%[21]。

窮國有很高比例的孩童沒有去上學，而是在工作。聯合國兒童基金會估計，在二〇一〇到二〇一八年間，低度開發國家△介於五到十七歲之間的兒童，平均有二十九%在工作，還不包含做「小孩子的工作」的孩子，諸如協

* 勞動力參與率的計算方式為：有薪水可領的受雇者，加上沒有工作但正積極找工作的人數，除以工作年齡人口。

△ 低度開發國家大略的定義是收入不到一千美元的國家，但是確切的定義比這複雜許多。

助家務、照顧年幼弟妹、送報紙等。衣索比亞的孩童有四十九%在工作，將近半數，而布吉納法索、貝南、查德、喀麥隆和獅子山等國的童工比例則是四十%左右[22]。

此外，在富國，介於十八到二十四歲之間、體格最強健的人口，絕大多數都在接受專科學校或大學以上的高等教育。在這個年齡層當中，美國、南韓和芬蘭等富國接受高等教育的比例高達九十%，而有四十個左右的窮國不到十%。這表示，富國大部分的人邁入成年一段時間後才會開始工作，而且很多人學的東西可能無法直接提升他們的經濟生產力，雖然我認為這些東西也很有價值，像是文學、哲學、人類學、史學等。

根據各國的標準，退休年齡通常介於六十到六十七歲，而窮國能活這麼久的人，比例低於富國。然而，只要還活著，窮國的老年人通常會工作得比富國的老年人還久，因為他們很多人無法安心退休。這些人有很高的比例會工作到身體衰老為止，無論是自雇的農夫、商店老闆，或是從事無薪家務和照顧工作的人。

除此之外，窮國人民工作的時數也比富國多出許多。在柬埔寨、孟加拉、南非和印尼等較窮、氣候較熱的國家，人們工作的時間比德國人、丹麥人和法國人多出六十到八十％，比美國人或日本人長二十五到四十％[23]。順帶一提，日本人雖然有「工蟻」的綽號，現在工時卻比美國人短。

如果窮國人比富國人更努力工作，他們的貧窮就不可能跟勤不勤勞有關。這其實跟生產力有關。跟富國相比，這些人工時比較長，人生中工作的時間也比較多，卻因為生產力沒有那麼好，因此生產的東西比較少。

低生產力主要也跟勞工的特質無關，像是教育程度或健康狀況。這些特質對比較高端的工作來說很重要，但是在大部分的工作上，窮國勞工跟富國勞工的生產力是一樣的[24]。這一點很容易證實：來自窮國的移民到了富國，生產力馬上大增，儘管他們在移民的過程中，沒有學習額外的技能或者健康出現大幅改善。他們的生產力會急遽上升，是因為他們突然到了管理較佳的工廠、辦公室、商店和農場等生產單位，並使用更好的科技設備工作，而且也有更多的支持，像是高品質的電力、運輸、網路等基礎設施，以及運作較佳的經濟政策、法律體系等社會制度。這就好比一個本來只有營養不良的驢子可用的騎師，突然有一匹純種賽馬可以騎了。騎師的技術固然重要，但是誰能贏得比賽大體上是由騎師所騎的馬或驢來決定。

窮國為什麼擁有較差的技術和社會條件，導致它們的生產力較低，背後有各種錯綜複雜的因素，在這短短的章節難以充分探討，這裡只提最重要的幾個：迫使窮國專精生產低價值初級商品的殖民統治歷史（請見〈鯷魚〉）；棘手的政治分裂；問題重重的菁英階層，包括不事生產的地主、停滯不前的資本階級、沒有遠見又貪污腐敗的政治領袖；對富國較有利的國際經濟體制（請見〈牛肉〉）。

然而，可以確定的是，窮國裡的窮人會窮，大部分是因為歷史、政治和科技等他們無法掌控的因素，而不是因為他們的缺陷，更不是因為他們不願努力工作。

人們對椰子的錯誤印象，使我們對窮國的貧窮問題產生根本的誤解，進而讓各地富國乃至窮國本身的菁英階層，把貧窮的原因怪罪在窮國的窮人身上。或許，改正關於椰子的敘事，可以讓我們其他人鞭策那些菁英面對各種艱難的議題，包含歷史不公和賠償、國際權力不對等，以及國家經濟與政治改革等，從而妥善地加以回應。

第二部

提高生產力

Becoming More Productive

• • •

鯷魚

德國化學家帶走了鯷魚給智利的財富

鯷魚蛋吐司／我的食譜
把美乃滋擠在吐司上，再擺放炒蛋和醃製鯷魚片，最後灑上辣椒粉

鯷魚向來給人微不足道的感覺。在韓國，瘦巴巴的小孩會被稱作「乾鯷魚」。然而，從對飲食文化的影響來看，鯷魚其實是全世界最重要的魚種之一。還有哪種魚會被韓國人、日本人、馬來人、越南人、泰國人、印度人、法國人、西班牙人和義大利人等如此多國家的人大量食用，而且有這麼多種食用方式？

在亞洲和地中海地區以外的地方，大部分人可能是在披薩的配料上吃到鯷魚。這種鯷魚以地中海的料理方式切片、鹽醃，並浸在油裡熟成保存。在

義大利南部，這些醃漬鯷魚會用於義大利麵的醬料；義大利北部的皮埃蒙特會把鯷魚做成一種蒜味「熱沾醬」（*bagna cauda*），搭配生的或煮熟的蔬菜一起吃；在法國的普羅旺斯，人們會把酸豆、黑橄欖和醃製鯷魚一起打成泥（*tapenade*），做為生菜的沾醬或是塗抹在烤吐司上；在西班牙，使用醋和油醃製的鯷魚（*boquerones en vinagre*）是很受歡迎的一道小菜。我邊寫都開始邊流口水了。

亞洲料理運用鯷魚的方式更多元。在馬來西亞和印尼，常會曬乾鯷魚然後酥炸，再搭配以椰奶和香蘭葉煮成的椰漿飯一起食用（請見〈椰子〉）；韓國人也常吃鯷魚乾，可以做為「按酒」（下酒菜），直接吃或沾韓式辣醬食用；韓國人也會炸鯷魚乾，通常會刷上醬油和糖，做為搭配米飯一起吃的「飯饌」食用，你還可以根據個人喜好，加進各種堅果和種籽增添風味，或用綠色辣椒增添嗆辣感；許多韓式和日式的湯頭會用鯷魚乾和昆布乾熬湯（韓國人還會加蒜頭）；在日本和韓國，鯷魚也會當作生魚片生吃，雖然這不常見*。

鯷魚的用途雖廣，但牠在多數飲食文化中最重要的用途其實是做為發酵魚醬的原料。據說羅馬人會在食物上淋很多魚醬△（通常是用鯷魚發酵製成），增添菜餚的鮮味（*umami*）——也就是現在被公認為五種基本味道之一的鮮美醇厚味道（另外四種分別為甜、鹹、苦、酸）。鯷魚是越南和泰國魚露中最常使用的魚，沒有這兩種魚露，很難想像泰國菜或越南菜會是什麼滋味。韓國人製作魚醬也一定會使用鯷魚，好的鯷魚醬可是製作美味泡菜的關鍵。

聽起來或許很怪，但我認為應該頒給美國人一個發酵鯷魚醬的頭號粉絲獎，因為他們會「喝」這種東西。美國最具代表性的調酒之一「血腥瑪麗」（雖然其命名由來是亨利八世的女兒英國女王瑪麗一世，她也是伊莉莎白一世同父異母的姊姊），每一杯都有發酵鯷魚醬藏在伍斯特醬裡面☆。英國人在吃他們最愛的烤起司三明治（請見〈香料〉）時，也吃下了喬裝成伍斯特醬的鯷魚醬。

鯷魚除了帶來豐富的滋味，也曾帶來大量的財富。牠們是十九世紀中葉秘魯經濟繁榮的根基。不過，原因不是這個國家出口鯷魚◎。當時，秘魯的經濟因為出口海鳥糞肥而興旺。這是一種很有價值的肥料，富含硝酸鹽和磷，味道也不會太過難聞。此外，海鳥糞也可以用來製造火藥，因為裡面含有硝石這個關鍵成分※。

秘魯鳥肥包含了鸕鶿和鰹鳥等住在太平洋外海島嶼上的鳥類的排泄物。這些鳥的主食是鯷魚，而這些魚沿著南美洲西岸遷移過來，依循從智利南部

---

* 這是因為鯷魚的保鮮期很短，很快就會腐壞，所以只有在非常靠近捕撈鯷魚的地方才能吃得到鯷魚生魚片。

△ 在拉丁文裡，*liquamen* 和 *garum* 都是魚醬的意思，兩者是否指涉同樣的東西仍有爭議，但我們不需要在這裡深入探討。

☆ 伍斯特醬（Worcestershire sauce）在一八三七年首度由英國公司李派林（現在由美國公司卡夫亨氏所持有）製成商品推出，成分有醋、糖蜜、羅望子、香料、糖、鹽和發酵鯷魚，確切的比例當然是商業機密。

◎ 今天，秘魯的確有出口鯷魚，製成給其他地方（特別是智利）養殖的鮭魚所吃的魚粉。我要感謝安迪・羅賓遜（Andy Robinson）告訴我這件事。

※ 椰子提供了火藥的另一個重要成分——甘油。請見〈椰子〉。

流向秘魯北部、營養豐富的秘魯涼流。秘魯涼流又稱作洪堡德涼流，是為了紀念普魯士科學家和探險家亞歷山大・馮・洪堡德（Alexander von Humboldt）所命名的，他在一八〇二年攀登標高六千兩百六十三公尺的厄瓜多最高峰欽博拉索山，爬到約五千八百七十八公尺處，創下當時海拔最高的攀登紀錄；他也是歐洲最早推廣秘魯鳥肥的人之一。由於鳥肥對秘魯太重要了，經濟史學家便將一八四〇到一八八〇年代的這段時間稱作「鳥肥時期」。

鳥肥不只對秘魯來說很重要。一八五六年，美國國會通過《鳥肥島嶼法》，世界上任何島嶼只要富含鳥肥沉積物又無人占領，也不在他國政府的管轄範圍內，就能被美國公民納為己有。該法案讓美國合理占據太平洋和加勒比海的上百座島嶼，反抗英國對秘魯鳥肥的壟斷。除了美國，英國、法國和其他國家也有占領擁有鳥肥沉積物的島嶼。

秘魯鳥肥創造的盛況並不長久。在蓬勃發展了三十年之後，秘魯鳥肥的出口量因為開採過度而開始下降。這件事造成的影響並沒有馬上顯現，因為一八七〇年代發現了硝石（硝酸鈉）的礦藏，這種富含硝酸鹽的礦物也可以製造肥料、火藥和肉類的防腐劑。然而，秘魯的榮景跟著太平洋戰爭（一八七九—一八八四年，又稱作硝石戰爭）一起結束，因為智利占領了秘魯大約一半的南部海岸，也占領了玻利維亞整個沿岸地區，使玻利維亞變成內陸國家。這些地方有大量的硝石和鳥肥，讓智利變得很有錢。

但是，這個情況也沒有持續很久。一九〇九年，德國科學家佛列茲・哈伯（Fritz Haber）發明了一個方法，用高壓電分離空氣中的氮來製造氨，再用氨製造人工肥料。所以，哈伯等於是找到憑空製造肥料的方法。這讓他在一九一八年贏得諾貝爾化學獎，可是他發明的毒氣被用在第一次世界大戰，使他聲名敗壞，因此在重視禮數的場合中，沒有人會提到他是諾貝爾獎得主這件事。

哈伯的發明被另一位德國科學家卡爾・博施（Carl Bosch）商業化——博施是德國化學公司巴斯夫（BASF，全名為Baden Aniline and Soda Factory，

「巴登苯胺*蘇打廠」）的員工，因此巴斯夫買下了哈伯的技術。這項技術在今天稱作哈伯—博施法，它讓人工肥料得以量產，取代鳥肥在肥料界的地位，也讓硝石這個比鳥肥更重要的硝酸鹽來源失去了價值。在智利，從鳥肥和硝石萃取的天然硝酸鹽產量，從一九二五年的兩百五十萬公噸跌到一九三四年的八十萬公噸[25]。

別讓天然資源限制了生產力

十九世紀還有其他的技術革新毀了不少初級產品出口國。例如，英國和德國發明的人工染料重創世界各地天然染料的生產者。在當時，瓜地馬拉高度仰賴胭脂蟲紅的出口，因為這種備受珍視的緋紅色染料被用來為天主教樞機主教的教袍染色（還有義大利利口酒金巴利，也就是調製廣受歡迎的尼格羅尼雞尾酒會用到的一種酒。這也是個有趣的飲食小知識），但茜素等人工紅色染劑卻帶走了瓜地馬拉的財富。

巴斯夫這間後來憑空量產肥料的公司，在一八六八年研發出以煤溚製造茜素的技術，成功用「煤」這種黑到不行的東西創造出珍貴無比的紅。巴斯夫還在一八九七年研發出量產人工靛青（另一種備受喜愛的染料）的技術，摧毀了印度的靛青產業，搞砸了許多印度勞工的生計，也讓許多英國和其他歐洲國家的靛青莊園主破產。

之後，馬來西亞的經濟也在一九七〇年代遭受打擊。當時全世界的橡膠有一半是馬來西亞生產的，但德國、俄國和美國的科學家在二十世紀前半葉研發出各種人造橡膠，競爭壓力愈來愈大，馬來西亞只好多元發展棕櫚油之類的其他初級產業和電子業。然而，人造橡膠一開始的打擊使它的經濟搖搖欲墜。

---

* 苯胺是許多人工染料的原料，包括紫紅、靛藍和黃色。它也可以用來製造多種藥物。

讓初級產品（農業和礦業產品）生產國受到威脅的不只是發明人造替代品的國家，還有另一個威脅在於，初級產品相對容易製造，更有效率的生產者可能很快就會出現。

在一八八〇年代以前，巴西握有橡膠的壟斷權。這讓巴西那些生產橡膠的地區變得非常富有，橡膠經濟的重鎮瑪瑙斯甚至蓋了一座很棒的歌劇院：亞馬遜劇院。一八九七年，當時歌劇界最閃亮的巨星恩里科·卡魯索（Enrico Caruso）甚至遠從義大利千里迢迢來到此地獻唱。然而，英國人後來把橡膠植株從巴西偷渡出去，在馬來西亞（當時稱作馬來亞）、斯里蘭卡和其他熱帶地區的殖民地建立橡膠園，重創了巴西經濟。

一九八〇年代中葉，越南還未出口任何咖啡，但後來卻迅速增加咖啡的出口量。自二〇〇〇年代初期以來，越南一直是全世界第二大的咖啡出口國，僅次於巴西，嚴重影響了其他咖啡生產國*。

因此，一個國家做為某個初級產品主要生產國的地位很容易受到動搖，因為這種產品很容易生產。然而，越南對巴西、哥倫比亞和其他咖啡生產國所造成的傷害，跟德國化學工業對秘魯、智利、瓜地馬拉、印度和其他無數仰賴初級產品的國家所造成的傷害，其實沒辦法相提並論。一個經濟體有能力發展出製造人工替代品來取代天然物質的科技，等於有能力摧毀現有的市場（例如海鳥糞肥），並創造全新的市場（例如化學肥料）。

更廣泛地說，假如你有好的技術能力，你就可以克服自然加諸在你身上的種種侷限。德國人沒有鳥肥、胭脂蟲或靛青，便想辦法製造化學替代品來解決問題。

＊這些例子顯示，開發中國家生產的「天然」資源其實一點也不天然。橡膠的確是巴西的作物，但今天的前三大橡膠生產國是泰國、印尼和馬來西亞，巴西甚至連前十名都沒排到；主要在拉丁美洲和亞洲生產的咖啡其實是非洲的植物，最早由葉門人在阿拉伯半島開始大規模種植；巧克力起初來自拉丁美洲（厄瓜多和秘魯），但今天全世界前五大的可可生產國卻位於非洲和亞洲（象牙海岸、迦納、印尼、奈及利亞和喀麥隆）；同樣地，中國原本是茶葉唯一的生產國，但是今天印度、肯亞和斯里蘭卡也是主要的茶葉供應者。這些產品全都證實，我們許多人以為的「天然」資源其實是殖民主義的結果：殖民者將具有商業利潤的作物從世界上的某個地方移植到他們的殖民地，在廣泛採行奴隸制的莊園種植。

荷蘭是除了城市國家和島嶼國家以外，世界上人口密度最高的國家之一。它的耕地雖然很少，卻是全世界僅次於美國的第二大農業出口國，因為它透過科技找到了擴增耕地的方法。荷蘭人藉由溫室農業增加了農用的土地面積，即使處在較為寒冷的氣候，一年也可以有好幾收。此外，除了上述方法之外，他們還進一步透過水耕栽培使種植面積翻倍，把植物種在一層層的水床中，在溫室占地維持不變的情況下堆疊好幾層植物。最後，他們還幫助擴增後的土地提高生產力，藉由電腦控制，以最具效率的方式把高品質的化肥供應給植物。

另一個例子是，日本想出了世界上燃料效率最高的技術之一，克服缺乏天然燃料的弱點。其他科技較不發達的國家在一九七〇年代遭到石油危機重創時，只能減少石油的使用；相較之下，日本因為技術能力強大，可以更有效地運用石油，並發展效率極高的核能產業，成功克服了問題。

歷史證明，要持續擁有高生活水準，只能依靠工業化，也就是發展製造業，因為這是革新和技術能力的主要來源（請見〈巧克力〉）。

當你因為工業化獲得更高的生產力，就能透過各種「神奇」的方式克服自然加諸在身上的限制：從黑到不行的煤變出最鮮豔的紅色染料、憑空製造肥料、不用入侵他國就能把土地面積增加好幾倍。除此之外，當你獲得這些能力後，就可以長時間維持高生活水準。因為，不像硝石這種非再生的礦物資源，或是由海鳥吃鯷魚所帶來的糞肥，這種幾乎必然會開採過度而用盡的可再生資源——能力是不會「枯竭」的。

蝦子

經濟小蝦米也能翻身變成大鯨魚？

大蒜奶油蝦／西班牙
使用熱油快炒的蝦仁和蒜頭

之前，我一直以為英文的prawn和shrimp是同一個東西（蝦子），只是英國人和澳洲人喜歡使用前者，北美人喜歡使用後者。最近，我學到這兩個字其實是兩個不同的物種，有不同的身體分節和鰓。prawn的三對腳都有爪子，shrimp只有兩對腳有爪子。

兩者的差異不僅如此，但這是一本談論食物的書，與生物學無關。我們知道的是，無論是以地中海的方式跟蒜頭和油一起熱炒，例如西班牙的大蒜奶油蝦，或學英語系國家那樣燒烤、像中式料理那樣加醬料用大鍋快炒，或者像南亞料理那樣使用溫和的香料烹煮，甲殼動物都很美味。日本人會用麵糊裹蝦油炸，做成炸蝦天婦羅，或是放在握壽司上；有時是煮熟的，但也會用生的。可生吃的稱作甜蝦，吃起來真的是甜的。

在韓國，我們甚至會用蝦子製作發酵蝦醬。在朝鮮半島北半部、不全然等同北韓的地區，人們喜歡用蝦醬而非魚醬發酵泡菜，讓泡菜的發酵速度更快、風味更濃烈。不過，無論是北方人或南方人都會同意，吃白菜包肉時一定要沾蝦醬——白菜包肉是用大白菜的葉子包住數種餡料再一起吃的一道料理，包含汆燙豬肉、加了辣椒粉的醃蘿蔔絲、泡菜和包飯醬，也就是混合蒜末、麻油和蜂蜜的韓國味噌。

世界各地的人都很愛吃蝦，所以很多地方的紅樹林都被剷除用來養蝦，尤其是泰國、越南和中國。根據路透社在二〇一二年的報導，自一九八〇年之後，世界上約有五分之一的紅樹林被摧毀，大部分都用來做養蝦場[26]。這是一個很嚴重的問題，因為紅樹林可為自然環境帶來許多珍貴的益處，包括：防止水災、阻擋風暴、養育小魚苗和小蝦苗、為棲息在水中和紅樹林的生物提供豐富的食物來源等[27]。

仔細想想，蝦子會這麼受歡迎其實是一件很有趣的事。

愈來愈多人呼籲把昆蟲當作蛋白質來源，因為跟肉類相比，昆蟲對環境的傷害沒那麼大。養殖昆蟲不會產生任何溫室氣體，而且每一公斤活重只需要一點七公斤的飼料；相較之下，對環境傷害最大的牛肉則會產生二點九公斤的溫室氣體、消耗十公斤的飼料（請見〈牛肉〉和〈萊姆〉）[28]。此外，跟動物相比，昆蟲生產一公克的蛋白質所需要的水和土地也少很多[29]。可是，人們對昆蟲的需求並未增加，倒是素食和純素主義愈來愈普及。吃昆蟲沒辦法普及的關鍵在於「噁心因子」，特別是在歐洲和北美，很多人覺得吃昆蟲很噁心[30]。

但有趣的是，覺得吃昆蟲很噁心的人大部分都會大啖各種蝦類。這真是非常怪異的飲食現象——至少我這麼認為。甲殼動物和昆蟲都是節肢動物，有觸角、外骨骼、分成好幾節的身體和好幾對腳，看起來有點詭異又會爬來爬去，所以，為什麼吃前者可以，吃後者卻不行？

如果把昆蟲重新命名，會不會有更多人願意吃？我覺得，我們應該把蟋蟀稱作「草叢明蝦」、蚱蜢稱作「草地大蝦」，或者，改用「法式田園龍蝦」這個名稱也許會讓牠們更受歡迎？

有些人很愛吃昆蟲。吃昆蟲的高級說法是「食蟲性」，中國人、泰國人和墨西哥人都因此而出名。幾十年以前的韓國人也是。那時，酥炸蚱蜢滿受歡迎的，吃起來跟墨西哥的炸蚱蜢非常像，但最受歡迎的莫過於蠶蛹。

蠶蛹的學名為*Bombyx mori*，因為J．K．羅琳以筆名羅勃．蓋布瑞斯出版的驚悚小說《抽絲剝繭》（*The Silkworm*）而為人所知。在我童年的一九七〇年代，小孩放學回家都會跟路邊攤買裝在報紙捲筒裡的蠶蛹。路邊攤會在學校附近就定位，用各種你能想像得到的東西爭取小孩的零用錢，像是棒棒糖、棉花糖、便宜玩具和椪糖——這款零嘴因為《魷魚遊戲》而變得世界知名，做法是將小蘇打加進焦糖液，使其膨脹，再攤平成圓片狀。小販甚至會賣蛋農不要的小公雞。我曾買過一隻小雞，但牠跟大部分小雞一樣，很快就死了，傷透了我的心。

雖然我個人沒有非常喜歡蠶蛹，但這種零嘴在一九七〇年代是很受韓國孩童歡迎，因為它美味又便宜。蠶蛹富含蛋白質和鐵，但是學校基於衛生原因，不鼓勵孩子跟路邊攤買。蠶蛹如此便宜，是因為這是蠶絲業這個龐大產業的「廢料」。蠶絲在當時是韓國的主要出口品之一，因此蠶絲業從蠶繭取出蠶絲後，自然產生很多淘汰的蠶蛹。

使用蠶絲製造布料源自西元前兩千五百年左右的中國，當時的中國人壟斷這個產業數千年之久。後來，蠶絲業依序傳到韓國、印度和拜占庭帝國。在很晚才進入這個產業的西歐，義大利是最重要的絲綢生產地。有點年紀的讀者可能還記得柏納多．貝托魯奇（Bernardo Bertolucci）執導的電影《一九零零》（*1900*）裡蠶絲廠的那一幕。這部電影描述義大利倫巴底鄉村地區的階級衝突與法西斯主義和共產主義的興起，劇中的奧爾默是佃農之子（長大後由傑哈．德巴狄厄飾演），奧爾弗雷多則是地主之子（長大後由勞勃．狄尼洛飾演）。在其中一幕場景，兩位年輕人在一間蠶絲廠談話，背景傳來蠶在架上吃桑葉的噪音，聲音毫不間斷，音量大到彷彿大雨打在屋頂上似的。

然而，近代最大的蠶絲生產國曾經是日本（日本人好像也吃蠶蛹）。日本製造蠶絲的歷史悠久，七世紀時就從韓國引進養蠶技術。不過，日本的蠶絲業是在二戰過後自己發展出來的。一九五〇年代，不論是生絲或絲綢，日本都是全世界最大的蠶絲出口國，而蠶絲則是該國最大宗的出口項目。

日本人對此不滿足，還想跟美國人和歐洲人競爭鋼鐵、造船、汽車、化學、電子等「先進」產業。可是，這個國家的技術落後，在這些產業不可能有競爭力。於是，日本政府徵收很高的關稅，導致進口這些產品要付很多錢；同時也禁止外國公司在日本從事這些產業，藉此保護國內生產者。此外，日本政府也主動幫助這些產業的本土公司，強迫受到嚴格管控的銀行貸款給它們，而非把資金用於房屋貸款、消費貸款等比較有利可圖的活動，或是借錢給根基已經打穩、但利潤較微薄的產業，例如蠶絲業。

這些政策在日本國內外都受到不少批評。批評者指出，日本如果乖乖進口鋼鐵和汽車等產品，並專心製造自己擅長的蠶絲、其他紡織品等東西，會過得比較好。他們說，如果為了保護本國那些沒有效率的房車生產者，像是

Toyota、Nissan，對進口車課稅，那麼消費者不是要付高於全球市場價格的價錢才能買到比較好的外國車，就是得開品質較差、較醜的國產車。他們還說，政府刻意把銀行的貸款導向汽車這類沒有效率的產業，就等於把資金抽離蠶絲那些更有效率的產業，而這些產業原本可以用同樣數量的資本創造遠遠更多的產出。

如果事先預設一個國家的生產可能性，這樣的說法完全正確。然而長期來看，一個國家的生產可能性有機會改變，今天不擅長的事情日後就擅長了。

這種事不會自己發生，而是必須先投資更好的機器、有更強技能的勞工以及技術研究，但，這是有可能發生的。日本的汽車、鋼鐵、電子和其他無數個產業就發生過這種情況。在一九五〇年代，日本在這些產業完全無法跟國際市場競爭，但是到了一九八〇年代，它已經成為全世界許多產業的龍頭。想要顯著改變一個國家的生產可能性，至少要花二十年，而且這樣的轉變不可能在自由貿易的條件下發生。在自由貿易的環境中，剛進入新產業的那些生產者沒有效率、尚未成熟，很快就會被優越的外國競爭者剷除。

發展新產業就跟養育孩子一樣

在經濟落後的國家保護尚未成熟的生產者，希望有一天它們會發展得更好，這稱作「初生產業保護論」：把經濟發展比喻成兒童發展。我們會保護、照料自己的孩子到長大成人，讓他們可以跟成年人在勞動市場上競爭。這個論點主張，經濟落後國家的政府應保護、照料自己年輕的產業，直到它們發展出生產者該有的能力，可以跟優越的外國競爭者在世界市場上競爭。

初生產業保護論不是日本發明的，而是美國。發明者不是別人，正是該國第一任財政部長亞歷山大・漢彌爾頓（Alexander Hamilton）。他的頭像就印在十元美鈔上，現在因為林—曼努爾・米蘭達（Lin-Manuel Miranda）的音樂劇《漢彌爾頓》而意外地有名。漢彌爾頓認為，美國政府應該保護「幼年時期的產業」（這段引文出自他本人之口），對抗優越的英國和其他歐洲競爭者，否則美國永遠無法工業化。

情節遠比這更複雜：漢彌爾頓的靈感是來自十八世紀英國的保護主義政

策，特別是前英國首相勞勃．沃波爾（Robert Walpole）就任、英國剛開始躍居全球工業龍頭時所推行的政策。湯瑪斯．傑佛遜和其他自由貿易提倡者常指控漢彌爾頓是「沃波爾派」，企圖中央集權又喜愛干預經濟[31]（傑佛遜可是美國第一任國務卿、第三任總統，路易斯安那購地便發生在他任內。請見〈秋葵〉）。

英國和美國今天一副自由貿易大國的模樣，可是它們在經濟發展初期，卻是世界上保護主義最重的國家。它們是在取得工業龍頭的地位後，才採行自由貿易主義（請見〈牛肉〉）。大部分的富國都是如此。除了荷蘭和一次大戰前的瑞士，今天所有的富國——無論是十九世紀晚期的比利時、瑞典、德國，還是二十世紀晚期的法國、芬蘭、日本、韓國和台灣——都曾經保護初生產業很長一段時間，以推動工業化和經濟發展。

這並不是說保護初生產業一定會獲得經濟成功。跟兒童一樣，如果用錯養育方法，初生產業也可能無法邁向「成熟」。許多一九六〇和一九七〇年代的開發中國家太過保護產業，使得國內的生產者變得安逸，再加上保護政策沒有慢慢退場，生產者就沒有誘因改善生產力。嫻熟運用初生產業保護政策的國家，像是日本、韓國，為了防止這種情況，會漸漸減少保護，就好比父母必須漸漸減少對孩子的保護，讓孩子一邊成長，一邊學會承擔愈來愈多的責任。

如果沒有初生產業保護政策，十八世紀的英國、十九世紀的美國、德國、瑞典，以及二十世紀的日本、芬蘭、韓國這些曾經是經濟小蝦米的國家，今天就不可能變成世界經濟海洋中的大鯨魚了。

麵條

從愛麵如癡的韓國看見企業成功關鍵

焗烤茄子通心粉／義大利料理，改編自克勞蒂亞・羅登的食譜

筆管麵、茄子與紅醬（番茄、羅勒和蒜頭），上面鋪滿三種乳酪（莫札瑞拉、瑞可塔和帕瑪森），接著進烤箱烘烤

根據世界泡麵協會的統計（沒錯，真的有這種組織），南韓人是全世界最會吃泡麵的人，每人每年吃掉七十九・九份；第二名的越南人吃掉七十二・二份，第三名的尼泊爾人則吃掉五十三・三份[32]。南韓約有五千一百萬人，等於這個國家每年吃了四十一億份的泡麵，數量驚人。

這些泡麵大部分是捲曲而有嚼勁的小麥麵條，稱作拉麵。韓國的泡麵大

部分都是湯麵形式，包裝裡會附上調味粉，從有點辣到辣死人的口味都有。不過，也有一些泡麵是要你用醬料包翻炒或乾拌後食用，而這些醬料通常很辣。

這還只是泡麵的部分，其他種類的麵條更是多樣。

首先是白色的小麥麵條，分成又軟又細的壽麵、又軟又粗的刀削麵*以及略帶嚼勁的烏龍麵。這些麵條通常是放在不辣的湯裡食用，不過壽麵也會跟蔬菜和各種辣或不辣的醬料拌在一起吃，有時也會加點肉。

在小麥麵條中多加一些澱粉，然後高溫高壓擠出來，就會得到全世界最Q彈的麵條：嚼麵。這種麵會跟嗆辣的甜醋醬和蔬菜一起攪拌食用。極有嚼勁的麵條配上令人落淚的辣醬，讓吃嚼麵就像是在進行鐵人三項，非常困難卻又有大大的滿足感。

如果把碳酸鈉混入小麥麵糰，就能做成更有嚼勁的鹼麵。這是韓國最受

*這種麵條是用刀子削切麵糰製成，不像大部分的麵條是用機器擠出來的。

歡迎的麵條。拉麵便是一種鹼麵。還有韓式炸醬麵，它是在韓國發明的「中式」麵食，就像在英國發明的「印度」菜餚瑪沙拉咖哩雞一樣。韓式炸醬麵用的是Q彈的粗鹼麵，會事先使用稱作「黑麵醬」的深色豆瓣醬拌炒豬肉、洋蔥，個人也可以根據喜好加入馬鈴薯、櫛瓜或高麗菜等其他蔬菜，最後再拌入麵條食用。如果你喜歡看韓劇，肯定有看過韓式炸醬麵，它就是韓劇裡的角色好像隨時隨地都在吃的那種沾裹咖啡色醬料的麵——不管是在餐廳、辦公室、家裡或是警局的偵訊室；如果是在家裡吃，幾乎都是外送的，因為很少人會在家煮這種麵*。南韓人估計每天吃下一百五十萬份炸醬麵[33]。

另一種也廣受歡迎的是蕎麥麵，分成兩種，一種比較軟，類似日本蕎麥麵，一種比較粗、比較Q，稱作「平壤冷麵專用之麵」。會有這樣的名稱，是因為這種麵幾乎只用在平壤冷麵，也就是一種使用牛肉清湯、醋和芥末做成的冷麵；如果是遵循北韓首都平壤最初的做法，則用的還是雉雞清湯。有時，蕎麥麵粉會加進橡實或葛粉，增加飽足感和泥土風味。

除了麵粉，韓國人也會使用各種澱粉製作麵條△。這類麵條當中最有名的是用地瓜粉製成的冬粉「唐麵」。「唐」☆在韓文中泛指源自中國的任何事物。中國的原始做法是用綠豆澱粉，但有時也會用地瓜粉，而我們韓國人比較喜歡地瓜粉的版本。唐麵也可以用木薯、玉米和馬鈴薯澱粉製作。

日本人則使用馬鈴薯澱粉製作細細的冬粉，很有詩意地稱作「春雨」。唐麵最常用來烹煮的韓國料理為「雜菜」，將韓式冬粉跟切絲的蔬菜一起炒（請見〈胡蘿蔔〉）。因為唐麵便宜又有份量，因此也會用在水餃、包子、血腸和一些韓式涼拌冬粉，藉此增添飽足感，也讓食物多點Q彈口感。

說也奇怪，雖然米是這個國家的主要作物，但韓國並沒有米製的傳統麵條（或許是因為米太珍貴了，不能浪費在製作麵條上）。不過，我們正在急

---

* 炸醬麵等於韓國人的披薩，想快速飽餐一頓的人就會吃它。

△ 澱粉（starch）指的是從植物萃取加工的純碳水化合物，麵粉（flour）指的則是磨成粉的穀物。今天，所有磨成粉的植物在英文裡都可以用 flour 指稱，像是杏仁粉（almond flour）和葛粉（arrowroot flour）。

☆ 唐是取自「唐朝」這個詞，也就是在西元六一八到九〇七年統治中國的朝代。許多人認為唐朝是封建中國的黃金時期。

起直追。近年來，越南河粉湯和泰式炒河粉愈來愈受歡迎，南韓人好像吃不夠河粉似的。

就像我們會把所有蔬菜都醃成泡菜一樣（請見〈大蒜〉），我們韓國人幾乎把所有富含碳水化合物的穀物和根莖類都變成了麵條：小麥、蕎麥、地瓜、馬鈴薯、玉米、木薯、橡實、葛根、米，較近代的連大麥也有。不過，就形狀來說，韓國麵條基本上只有兩種：帶狀和條狀。

所以，可以想見我在一九八〇年代晚期第一次到義大利旅行時，發現義大利的麵條竟然不只有直麵和通心粉這兩種，感覺有多驚訝。我在當研究生時，曾經到義大利參加暑期學校，吃到了米粒麵，特別訝異。米粒麵的形狀就像一顆米，有時候會加在清澈的熱湯中食用。上菜時，我還以為湯裡放的是米飯，因為韓國人滿常把飯泡在熱湯裡吃。別人跟我說我吃的其實是一道麵食的時候，我簡直難以置信。

義大利人基本上只用一種碳水化合物製作義大利麵，那就是小麥（請參見〈橡實〉），可是義大利麵卻有超過兩百種形狀。跟韓國和世界上其他地方一樣，義大利麵當然也有帶狀和條狀的，但除此之外，義大利麵還有管狀、環狀、螺旋／螺絲、蝴蝶、耳朵、貝殼、米粒、圓球、餃子、片狀以及許許多多說不出來的造型，我沒吃過的包括車輪、橄欖葉、陀螺，甚至還有散熱器*。

義大利人對麵條造型是如此地熱衷，乃至於一九八〇年代初期，全世界最大的義大利麵製造商百味來的第一品牌Voiello委託知名工業設計師喬蓋托・喬治亞羅（Giorgetto Giugiaro）設計終極的義大利麵形狀，可保留卻又不會吸收過多醬汁，同時兼具美觀、甚至「建築美學」（這是「新潮烹調」盛行的時期）[34]。

喬治亞羅「建造」了一款未來感十足的美麗造型，結合管狀和波浪。這個形狀被稱作「Marille」，在一九八三年盛大發行。可惜，這個造型完全沒

---

* 條狀的義大利麵有直麵、吸管麵、扁麵、天使細麵和麵線；帶狀的義大利麵有緞帶麵、寬麵和寬扁麵；*penne*、*rigatoni*、*maccheroni* 都是筆管麵，但直徑和長度不同；*anellini* 是一種環狀麵；*fusilli*、*trofie*、*gemelli* 都是螺旋／螺絲造型的；蝴蝶、耳朵、貝殼、米粒和圓球也很常見；片狀的義大利麵叫做千層麵；包餡的餃子造型包括四角、餛飩和半月形。

有獲得成功。Marille的產量有限，銷售不佳，所以很難買到。更重要的是，複雜的造型使它很難熟得均勻[35]。義大利人喜歡把義大利麵煮得彈牙有嚼勁*，熟度不均（簡直）就是滔天大罪。

喬治亞羅顯然沒有因為Marille的失敗而失眠。他在過去五十年來仍是世界上最成功、最有影響力的汽車設計師，設計過上百種車款，幾乎跟所有國際知名的汽車製造商都曾經合作過，只有通用汽車、賓士和日產汽車是例外。他的作品包括Volkswagen Golf和Fiat Panda的經典車款，還有Maserati Ghibli和Lotus Esprit等奢華車款。從喬治亞羅的言談中可以看出，他把Marille的慘敗看作自己了不起的生涯當中的一段逗趣插曲。在一九九一年的一次訪談中，他說：「那款義大利麵讓我出了名，我甚至上了《新聞週刊》，這不是很好玩嗎？」[36]

大部分人不曉得的是，這位來自義大利這個愛麵國家的超級設計師，曾經設計一款小型掀背車Pony，在一九七五年推出，其製造商「現代汽車」在當時完全沒有人聽過，它同樣也來自一個愛麵成痴的國家——南韓。

現代汽車是現代集團旗下的一間公司。現代集團是由韓國傳奇企業家鄭周永在一九四〇年代晚期所創立，原本是以營造業為主要事業，但在一九六〇年代晚期開始轉移到生產力較高的產業，汽車便是該集團最早投入的領域△。現代汽車跟福特一起合資經營，組裝了英國福特研發的Cortina車款，大部分都使用進口零件。現代汽車從一九六八年十一月開始營運的前三年，共組裝了八千輛出頭的Cortina，也就是一年不到三千輛[37]。

在一九七三年，現代汽車宣布要跟福特切割，生產自己的本國設計車款Pony。在一九七六年，現代汽車首度生產了一萬多輛的Pony，是同年福特產量的〇・五%、通用汽車產量的〇・二%[38]。厄瓜多在一九七六年六月進口現代汽車的車子時，韓國舉國歡騰。厄瓜多只跟現代汽車買了五輛Pony

---

* 這種熟度「*al dente*」的字面意義是「到牙齒」，表示咬下去硬硬的。

△ 現代集團後來多角化經營，涉足水泥、工程、造船、鋼鐵、電子、海運、電梯、煉油、半導體和其他許多高生產力、高科技的產業。

和一輛公車這件事很少被提及，就算提到了，也被當成不重要的小細節。重要的是，有外國人想跟韓國買車——在當時，韓國是以製造假髮、縫製衣物、絨毛玩偶、球鞋等只需要廉價勞工的產品出名。

雖然這樣的開端一點也不吉利，現代汽車接下來幾年卻以驚人的速度成長。一九八六年，它推出Excel車款，這個Pony的升級版以引人注目之姿進入了美國市場，被美國商業雜誌《財富》選為年度十大值得注意的產品；在一九九一年，它成為世界上自己設計引擎的少數汽車製造商；即將邁入二十一世紀之際，它成為世界十大汽車製造商；現代汽車在一九九八年買下了國內較小的對手起亞，將正式名稱改為現代—起亞汽車，到二〇〇九年時，它生產的汽車已經多於福特；到了二〇一五年，現代和起亞這兩個牌子生產的汽車比通用汽車這個品牌生產的還多[39]。

這是非常了不起的故事。假如你用時光機器回到一九七六年，告訴別人南韓這個平均每人所得不到厄瓜多三分之二的貧窮開發中國家[40]，有一間完全沒人聽過的汽車製造商（跟一間比較厲害的汽車修配廠沒兩樣）將在三十年後超越福特，並在不到四十年後產量超過通用汽車，你一定會被送進精神病院。

這怎麼有可能？人們聽到這類不可思議的企業成功事蹟時，通常馬上就會想到背後那些具有遠見的企業家，像是比爾・蓋茲、史蒂夫・賈伯斯、傑夫・貝佐斯、伊隆・馬斯克等等。沒錯，現代汽車成功的背後確實有充滿遠見的企業家，而且不只一位，而是兩位：現代集團的創始人鄭周永和他的弟弟鄭世永（他在一九六七到一九九七年間領導現代汽車，在Pony的發行過程中扮演極為重要的角色，贏得了鄭Pony的綽號）。

幾乎所有人都不認為現代汽車有機會在國際競爭中生存下來，遑論在該產業名列前茅，可是鄭氏兄弟仍野心勃勃地努力著，要打造一間有朝一日能在全球市場中競爭的公司，這也是為什麼他們決定聘請世界上最厲害的汽車設計師喬治亞羅來設計現代汽車的第一款車。他們將現代集團其他發展得比較好的公司所賺來的錢，拿來維持一開始只有虧損的公司，這就稱作「集團內交叉補貼」。

英雄固然重要，但集體努力影響更大

企業領袖固然重要，但是當你仔細觀察，就會發現現代汽車的成功故事不只跟企業英雄個人的天才有關——那甚至不是重點。

首先，現代汽車內部還有那些工時很長的生產線員工、工程師、研究科學家和專業經理，他們學會從外國引進先進技術，接著一點一滴加以改良，最後研發出自己的生產系統和技術，足以媲美福斯、Toyota等世界頂尖的汽車製造商。沒有願意付出、能力夠強的勞動力，企業願景再怎麼美好，也只是願景。

再來，政府也很重要。韓國政府為了讓現代汽車和其他的汽車製造商有空間「成長」，在一九八八年以前禁止進口汽車，一九九八年以後才准許日本車進口（這是根據初生產業保護論的邏輯，也適用於其他「策略型」產業，請見〈蝦子〉）。當然，這表示韓國消費者必須忍受幾十年的劣質國產車，但是若沒有這層保護，韓國汽車製造商就不可能存活下來、順利成長。

一直到一九九〇年代初期以前，韓國政府都確保現代汽車和其他策略型高科技產業的公司能獲得高額補助的信貸，對出口導向的公司更是照顧有加。韓國政府規定，借錢給有生產力的企業比房屋貸款或消費貸款更重要，並透過嚴格的銀行規範和銀行業國有化加以達成（請見〈秋葵〉）*。

政府的政策也不總是「伸出援手」的類型。現代汽車決定設計自己的車款，其實是因為韓國政府針對汽車產業推動了「歸化」計畫。一九七三年，政府威脅現代汽車和其他汽車製造商要設計自己的車款，否則會吊銷它們生產汽車的執照。韓國政府也利用管制和財政的力量，對現代汽車和其他國內外的公司明暗施壓，要求它們提高產品的「本地自製率」，也就是國內生產的零組件所占的比例，好幫助國內的汽車零件產業發展（請見〈香蕉〉）。

* 在一九六一到一九八三年間，韓國所有的銀行都是國有的，很多銀行直到一九九〇年代初期都還在政府手中。就連今天，韓國仍有一些重要的國有銀行，包括專營大規模長期借貸的韓國產業銀行、專營貿易信貸的進出口銀行，以及專營中小企業借貸的中小企業銀行。

你可能會問，現代汽車的故事在這個充滿企業英雄的世界不是例外嗎？答案是，這不是例外。

首先，有很多韓國公司也透過跟現代汽車同樣的方式獲得成功，像是三星從精製糖和紡織品變成世界頂尖的半導體和手機龍頭，而LG則從化妝品和牙膏變成在全球螢幕市場拔得頭籌。

你曾聽過的日本跨國企業很多也經歷了相似的發展過程。Toyota起初是製造簡單的紡織機，最後變成世界上最大的汽車製造商，而三菱一開始則是一間船運公司，後來變成橫跨許多產業的跨國企業，包括造船、核電、電子和汽車。這些企業全都是結合個人天才、企業努力、集團內交叉補貼、政府支持和消費者的犧牲，才獲得如此的轉變。

芬蘭工業鉅子Nokia最初是一間造紙廠，後來一度成為手機業的世界龍頭，現在又透過類似的方式變成網路軟硬體大廠。Nokia在一九六〇年成立電子部門，由於集團內的造紙、橡膠雨鞋、電纜等其他公司已發展穩定，因此便由它們提供補貼；此外，Nokia電子部門還接受政府的貿易保護、外商投資限制，當政府進行「公共採購」時也加以關照，因而得以在一九七七年開始獲利。

連對自己的「自由企業」體制驕傲不已、成天讚美企業英雄的美國，也是體現了當代企業「集體本質」的實例之一。發明「初生產業保護論」的正是美國。在十九世紀和二十世紀初，美國曾豎立保護主義的高牆，創造空間讓國內的年輕公司成長，不受到以英國為首的優越外國生產者威脅（請見〈蝦子〉）[41]。

更重要的是，在二次大戰結束後的那段時期，美國政府透過公款發展基礎科技，幫助了國內的企業。美國政府透過國家衛生研究院推動、資助藥學與生物工程方面的研究；電腦、半導體、網路、全球定位系統、觸控式螢幕等許多資訊時代的基礎科技，最初都是透過五角大廈和美國軍方的各項「國防研究」計畫研發出來的[42]。沒有這些科技，就不會有IBM、英特爾、蘋果和矽谷。

在現在這個以自由市場經濟為主流的環境，企業和公司的成就被歸功於個人的願景。這在資本主義早期或許有道理，因為當時的生產規模很小、技術簡單。在那樣的環境中，資質過人的企業家確實可能會帶來很大的差異，但即使在那時候，企業成就仍無法單靠個人資質來達成。

自十九世紀晚期以來，生產規模擴大、技術更加複雜、市場擴及全球，企業的成功就一直是集體而非個人努力的結果，牽涉的對象不只有企業領袖，還有勞工、工程師、科學家、專業經理、政府的政策制定者，甚至是消費者。

從韓國和義大利這兩個愛麵如癡的國家共同編織的故事就可以看出，在現代經濟裡，企業的經營再也不是個人的事情了，而是集體努力的成果。

胡蘿蔔

造福人類的新作物，竟被專利卡住？

胡蘿蔔蛋糕
用胡蘿蔔、香料和堅果做成的蛋糕

我剛來到英國時，其中一個讓我覺得很怪的東西就是胡蘿蔔蛋糕。胡蘿蔔可以跟大白菜一起醃成韓國泡菜，跟洋蔥和馬鈴薯一起煮成日式咖哩，跟別的蔬菜一起炒成「雜菜」*，或是加在沙拉裡，但是不會做成甜點，從來都不會。

現在，胡蘿蔔蛋糕是我最喜歡的甜點之一，但一開始，它給我的感覺，

* 韓式冬粉（唐麵）跟各式蔬菜絲一起炒成的一道菜，想要的話也可以加肉絲。請見〈麵條〉。

大概就像給英國人吃抱子甘藍奶酥或給美國人吃綠花椰派一樣，總之就是不搭。

不過，仔細想想，每個文化對於甜或鹹的區別其實都不太一樣。大部分的人吃酪梨是吃鹹的，可是巴西人常常把酪梨加糖當甜食吃。在大部分的料理中，番茄是鹹食的食材，可是在我小時候的韓國，番茄被視為偏甜的食物，當成水果吃，不夠甜的話還會加糖，而這也是大多數的情況（以植物學的角度來說，番茄當然是一種水果）。

番茄常常被韓國人稱作「一年柿」，老一輩更是習慣這樣說，因為它長得有點像柿子，但卻是長在一年生的植物上，不是樹上長出來的。即使住在番茄絕對都是做成鹹食的英國好幾年後，看見一九九一年一部很棒的美國電影被取名為《油炸綠番茄》，我還是非常驚恐。這就像是你不會把柿子拿去油炸，對吧？

胡蘿蔔來自中亞，幾乎可以肯定來自今天的阿富汗。它原本是白色的，後來人們培育了紫色和黃色的品種。現在主流的橘色品種直到十七世紀才在荷蘭培育出來。

普遍的說法是，荷蘭人會推廣這個新品種，是因為它在十六世紀受到西班牙統治，而當時率領荷蘭人起義反抗的是奧蘭治（音同「橘色」）的威廉（William of Orange，又稱沉默者威廉）。我想，這件事恐怕讓胡蘿蔔變成了史上最具有政治意味的蔬菜。很可惜，一個好的故事通常沒有事實根據，這個故事似乎也是如此[43]。

撇開哈布斯堡帝國和低地國之間的政治局勢不管，橘色胡蘿蔔其實有很重要的營養價值。胡蘿蔔的橘色來自β胡蘿蔔素，吃進體內後會被身體轉成維生素A。維生素A是讓皮膚、免疫系統和眼睛保持健康的必要營養，對眼睛又特別有益，所以橘色胡蘿蔔跟它白色的祖先相比，多了額外的營養價值。跟大部分維生素一樣，攝取太多維生素A會使人中毒，這就稱作維生素A過多症，症狀包括嗜睡、視力模糊、骨頭疼痛，嚴重的話還會讓皮膚脫落，這可是相當駭人聽聞！早期的歐洲極地探險家吃了海豹富含維生素A的肝臟或以海豹為主食的北極熊後，驚駭地發現了這件事。

β胡蘿蔔素則是一種安全的維生素A來源，不會讓我們得到維生素A過多症，因為身體會調節轉換成維生素的β胡蘿蔔素含量。根據這點，由瑞士人英戈．波特里庫斯（Ingo Potrykus）和德國人彼得．拜爾（Peter Beyer）率領的一群科學家，在兩千年發明了所謂的黃金米，方法是將取自玉米和某種常見土壤細菌的基因移植給稻米，使其可以生物合成β胡蘿蔔素。黃金米跟天然米不一樣，富含維生素A，並因為含有β胡蘿蔔素而呈現金黃色[44]。

稻米是非常營養的食物，可以比種植在相同面積的小麥養活更多人，但是它的維生素A含量很少。在亞洲和非洲等貧窮的食米國家，人們除了米飯，不太會吃其他東西，因而缺乏維生素A。根據估計，維生素A缺乏症每年造成兩百萬個死亡案例、五十萬人眼盲、數百萬人罹患乾眼症。黃金米具有拯救數百萬人免於死亡和傷殘的潛力。

發明黃金米後不久，波特里庫斯和拜爾便將這項技術賣給先正達這間跨國農業商業與生物科技公司。先正達總部位於瑞士的巴塞爾，本身就相當於企業界一個極其複雜的基因工程製品——經過可溯及一九七〇年的一系列併購，涉及三家瑞士藥廠（汽巴、嘉基和山德士）、英國的化工龍頭帝國化學工業、瑞典藥廠阿斯特以及中國的國營化工公司中國化工*。先正達因為透過歐盟間接贊助這項研究，所以本就擁有這項技術的部分權利，但它挖角進行研究的科學家，獲得對黃金米完全的控制權。這兩位科學家努力跟先正達爭取，讓開發中國家的貧窮農夫可以免費使用這項技術。

即使如此，有些人還是覺得，把像黃金米這樣寶貴的「公共目的」技術賣給以賺錢為目標的公司，是不可接受的事情。兩位科學家維護自己的決定，說他們如果要自己商業化黃金米，必須得到超過七十項的專利技術授

* 汽巴和嘉基在一九七〇年合併為汽巴—嘉基；汽巴—嘉基在一九九六年跟山德士合併為諾華。帝國化學工業跟製藥和農業有關的部門在一九九三年分離，形成捷利康，後來又在一九九九年跟阿斯特合併為阿斯特捷利康（因生產新冠肺炎疫苗而出名）。帝國化學工業其餘部門在二〇〇八年被荷蘭化工公司阿克蘇諾貝爾收購。二〇〇〇年，諾華和阿斯特捷利康同意把各自的農業商業部門合併為先正達。後來，先正達在二〇一六年被中國化工收購。

權，涉及三十二位所有權人。他們指出，他們實在沒有那個能力去協商和負擔這麼多專利。批評者則反擊說，科學家需要授權的專利其實大約只有三十項。

可是，問題依然存在，那就是個別科學家必須應付的專利實在太多。遺憾的是，專利問題雖然有一家大型跨國企業接手了，經過二十年後，黃金米仍因為基因改造的爭議尚未推行。但那又是另一個故事了。

專利制度迫切需要更新改版的理由

所謂的專利，是政府賦予某項新技術發明者在一定期間內的壟斷權，並要求發明者之後要公開技術。從對知識進步的影響來看，專利是一把雙面刃。它保證只要點子夠創新，發明人可以在一段時間內獲得使用這個點子的壟斷權（現在的規定是二十年，但是以前更短，後文會再詳述），讓他們向市場收取費用，不必擔心競爭者，因此可以鼓勵人們創造新知識。然而，它也讓其他人在壟斷期間無法使用該技術來創造新知識，因此又會妨礙新知識的創造。

問題在於，生產知識最重要的元素就是知識，所以如果有很多相關知識都有專利，想要開發新知識就會變得非常昂貴，就像黃金米那樣。我把這個狀況稱作「相扣專利」（interlocking patents），也就是知名經濟學家約瑟夫・史迪格里茲（Joseph Stiglitz）所說的「專利雜叢」（patent thicket）[45]。

相扣專利的問題早已存在。十九世紀中葉，這個問題也阻礙了縫紉機產業的科技進展。當時，該產業的每個人都在互告專利侵犯，因為相關技術實在太相近了，因此反而使技術發展停擺。一八五六年的「專利庫」打破了這個僵局，該產業的各家公司同意分享所有關鍵技術的專利，以專心研發新技術——這起事件被稱作「縫紉機結合」（the Sewing Machine Combination）。相關產業打造專利庫的例子有很多，像是DVD（MPEG-2）和手機（RFID，即無線射頻辨識）。

有時，政府會插手打造專利庫，包括那個理論上超級捍衛專利權所有人權利的美國政府。一九一七年，美國政府準備加入空戰形式愈來愈重要的一次世界大戰時，便以「建議」之名強迫航空業打造專利庫，包括當時的兩大飛機製造商：由萊特兄弟創立的萊特公司與柯蒂斯。在一九六〇年代，美國海軍也強制當時的兩大半導體製造商德州儀器和Fairchild打造專利庫，而半導體的早期研究幾乎完全是由美國海軍贊助進行的。

近年來，相扣專利的問題愈來愈嚴重，因為就連小到基因層面的技術，都有愈來愈多片斷零碎的知識被申請了專利，例如黃金米就包含超過七十項專利！如果科學家想做出重大的科技進展，會需要一支很厲害的律師團隊來清除專利雜叢。曾經為科技革新帶來強大驅動力的專利制度，竟慢慢變成科技革新的重大阻礙。我們有必要進行改革。

改善現在這個專利制度的方法之一，就是縮短所有專利的年限。專利一開始在十八世紀晚期的歐洲發展出來時，通常只有維持十四年（即當時學徒實習時間的兩倍）。今天，專利保護年限長達二十年，製藥產業還可多申請八年的保護，因為他們需要更多時間進行臨床實驗，也需要保護實驗數據。沒有任何經濟理論說，二十年或二十八年是最理想的保護年限，也沒有任何理論說二十年比十四年或十年好。但假如我們縮短專利年限，知識就能快一點進入公有領域，把專利雙面刃阻撓革新的那一面變鈍。

讓專利制度不那麼阻礙知識進展的另一個方法，就是使用獎金制度，根據該技術預估的益處，讓技術的發明人得到相對應的一次性獎金，這樣一來，每項技術發明後就能立刻成為公有財產。過去就曾成功運用獎金制度，促成了人類史上最重要的一些發明。

約翰．哈里森（John Harrison）會在一七六〇年代發明經線儀，讓船隻在海上可以測量經線、精準航行，部分原因就是為了得到英國國會在一七一四年提供的兩萬英鎊獎金[46]。一八〇九年，法國糕點師傅和啤酒釀造師尼古拉．阿佩爾（Nicolas Appert）發明了「罐裝食品」技術，便是為了爭取拿破崙承諾給予的獎金（那時候他使用玻璃瓶，而不是後來才出現的金屬罐頭。請見〈牛肉〉描述的罐裝食品）。拿破崙想要好好餵飽自己的士兵，據說他曾經提到「軍隊靠肚子行軍」。不過，這句話比較有可能是普魯士的腓特烈大帝說的。

在科技進展飛快的領域中，獎金制度可能可以為發明者帶來更多利益，進而創造更強烈的革新動機，因為他不需要擔心有人發明更好的技術，讓他的技術變得過時、毀了他的市場——在這種情況下，即使擁有該技術的專利壟斷權，但是壟斷一無是處的東西還是一無是處。

我們也可以達成國際協議，例如，假如研發公共目的的性質的技術有必要使用到某些技術，便強迫專利權所有人使用優惠的價格授權技術。以黃金米的例子來說，先正達在二〇〇一年買下這項技術後不久，便自願停止它對黃金米的商業利益。

我在二〇二一年的秋天寫下這個章節時，人們正在辯論是不是應該強迫藥廠以優惠的價格甚或免費，將新冠肺炎的專利疫苗和療法授權給開發中國家。同樣地，開發中國家也沒有能力發明因應氣候危機的科技，像是綠色能源、海水淡化技術等，至少在我們所剩不多的時間內做不到（請見〈萊姆〉），因此我們也需要比照藥品的研發採取相同的行動。

跟所有的制度一樣，我們會採用專利制度是因為利大於弊。可是，當它不再利大於弊，我們就應該進行制度改革，不管改革後的樣子一開始看起來有多麼難以接受。畢竟，我們今天會吃到橘色的胡蘿蔔，也是因為十七世紀有個荷蘭人出現瘋狂的想法，覺得胡蘿蔔也可以是橘色的。

第三部

全球共好

Doing Better Globally

牛肉

讓牛肉自由貿易，誰的「自由」？

辣肉醬／墨西哥

牛肉（或火雞肉、肉類替代品）跟番茄、辣椒、腰豆、巧克力一起燉煮

全世界最厲害的足球國家是哪一國？

很多人可能會猜巴西，因為巴西贏過最多次世界盃足球賽：總共五次。那義大利呢？義大利「只」贏過四次世界盃，但是它的人口卻不到巴西的三分之一。義大利有六千一百萬人，巴西則是兩億一千兩百萬*。

可是，正解也不是義大利，而是烏拉圭。

烏拉圭？沒有錯。這個國家在足球界之所以出名，是因為它出了一個天才球員路易斯．蘇亞雷（Luis Suárez），他咬了其他選手，因此聲名大噪。

烏拉圭只有三百五十萬人，卻贏過世界盃兩次。第一次贏得世界盃是在一九三〇年自己的首都蒙德維的亞。到了一九五〇年，烏拉圭又在巴西的首都里約熱內盧打敗主場隊，而這第二次奪冠可能是足球史上最讓大家不滿的一場比賽。假如烏拉圭跟巴西的人口一樣多，換算下來，它不會只贏兩場世界盃，而是可以贏得一百二十一場——那可是比目前為止舉辦過的世界盃還多了一百場。

對這麼小的國家來說，兩次勝績是很了不起的成就，雖然第一次已經是將近一百年前的事，最近一次也已經過了兩個世代。說到這，英國的足球迷應該感到寬慰，因為還有其他國家上一次贏得世界盃，是比英國國家隊還要久遠之前的事情。

* 德國也贏過四次世界盃，但義大利還是比較厲害，因為德國第四次贏得比賽時，人口超過八千萬人，比義大利多很多。德國前三次贏得比賽分別是一九五四年、一九七四年、一九九〇年，當時還是西德，人口跟義大利差不多。

這項成就雖然很了不起，但是足球並不是烏拉圭唯一擅長的領域。烏拉圭在政治和公民權方面也有令人驚嘆的紀錄。一九一二年，它成為第一個讓婦女不用特殊原因就有權利訴請離婚的拉丁美洲國家。它也在一九一七年，成了世界上女性最早獲得投票權的國家之一。二〇一三年，它是第一個同意大麻合法的國家*。

烏拉圭的牛肉產業雖然不如足球、政治或公民權那麼光鮮亮麗，卻也是讓它在國際上名列前茅的領域。目前，烏拉圭平均每人擁有的牛隻為世界最多[47]。除了數量，這個國家也很注重品質，二〇〇四年時就領先全球，做到讓每頭牛都可追溯生產源頭△。烏拉圭還是第一個量產牛肉精的國家，一開始是將牛肉高湯濃縮成濃稠的液體，因此又稱為「液體牛肉」，後來則變成具代表性的牛肉高湯塊品牌Oxo。

一八四七年，德國科學家尤斯圖斯・馮・李比希（Justus von Liebig）發明了牛肉精，他在植物營養方面的研究特別出名，被視為有機化學的創始者之一。李比希認為，牛肉精可以讓買不起真正牛肉的窮人獲取牛肉的營養，但是很可惜，牛肉精的原料太昂貴，大部分的人還是負擔不了，因此在接下來的十五年間，牛肉精仍然是料理界的稀有物，僅少量生產。

到了一八六二年，在烏拉圭工作的年輕德國鐵道工程師格奧爾格・克里斯蒂安・基伯特（Georg Christian Giebert）聽說了李比希的發明。基伯特提議在烏拉圭生產牛肉精，因為這裡的牛肉是皮革業的副產品，價格跟阿根廷、巴西一樣非常便宜，而且當時還沒有低溫海運技術，即使牛肉很便宜，也不可能出口到歐洲和北美等潛在市場☆。

一八六五年，李比希肉精公司（Liebig Extract of Meat Company，簡稱

---

* 然而，我不希望讓人以為這個國家一直都呈現良善的一面。在一九七三到一九八五年間，烏拉圭經歷了一段殘酷的軍事獨裁時期，前總統荷西・穆西卡（José Mujica，二〇一〇到二〇一五年在任）在此期間被當成了政治犯。

△ 這不表示烏拉圭的牛肉最好吃。以我個人有限的經驗來說，我覺得阿根廷牛肉就算沒比烏拉圭牛肉好吃，至少也一樣美味。我對巴西獨特的「三角肉」（*picanha*）牛肉部位也特別情有獨鍾。

☆ 低溫海運在一八七〇年代問世，但要到即將邁入二十世紀時才開始大規模運用。

LEMCO）在倫敦成立，生產設施設立在烏拉圭的弗賴本托斯（*Fray Bentos*，意思是「修士本篤」，以十七世紀一位據說住在附近某洞穴的隱士命名）[48]。弗賴本托斯工廠擁有自己的研發實驗室，專門把科學知識用來開發商業上可行的產品和生產技術。在那個年代，這種設備只有技術最先進的公司才有，像是德國的化工龍頭巴斯夫（請見〈鯷魚〉）[49]。許多歷史學家認為，後來在歐洲、南美洲和非洲等多個國家都有營運的LEMCO是世界上第一家跨國食品公司（關於跨國公司，請見〈香蕉〉）。

LEMCO的牛肉精最初了無新意地取名為Lemco，雖然有這麼一個人類商業史上最矬的名稱，這個產品卻在世界各地一炮而紅，因為它能做出方便又便宜的美味牛肉湯。不過，由於萃取過程剔除了大部分的蛋白質和脂肪，也就是多數的營養精華所在，因此它並沒有像李比希以為的那樣可以提供牛肉的營養[50]。在一九〇八年，這款牛肉精被製作成更方便的固體湯塊，重新命名為Oxo。

牛肉精獲得成功後不久，LEMCO又發明了一個天下無雙的產品——鹽醃牛肉罐頭，並在一八七三年開始生產。

鹽醃牛肉在歐洲已有數百年歷史，甚至可能更久，但是LEMCO透過更加便宜的原料和新發明的保存技術，讓世界上更多人可以取得這種食品。烏拉圭牛肉本來就便宜，但是LEMCO選用了較為廉價的部位，而非「正統」做法的牛腩，讓鹽醃牛肉又變得更便宜；而且，LEMCO會做成絞肉，我猜想是為了讓人吃不出來是比較差的部位。LEMCO將鹽醃牛肉製成罐頭後，比原本的鹽醃技術還能保存得更久，進而出口到更遙遠的地區。

為BBC報導弗賴本托斯世界遺產*的得獎旅遊作家沙菲克・梅吉吉（Shafik Meghji）說，鹽醃牛肉罐頭跟Oxo高湯塊「在歐洲各地成為工人階級的主食——以前，肉類對他們來說是種奢侈品。此外，這些食品也為波耳

---

* 在一九二四年，LEMCO 被英國的 Vestey 集團收購，重新命名為「Frigorifico Anglo del Uruguay」，反映出他們在那時已開始大量出口冷凍和冷藏的牛肉（*frigorifico* 是西班牙文「冰箱」的意思）。這間公司在全球食品業持續壯盛，一九六〇年代才開始衰退，直到一九七九年停止營運。二〇一五年，其工廠、實驗室、辦公室和宿舍的所在地點被聯合國教科文組織選為世界遺產。

戰爭的英國士兵、一次世界大戰的英國和德國士兵，以及羅伯特・法爾肯・史考特（Robert Falcon Scott）和歐內斯特・沙克爾頓（Ernest Shackleton）等極地探險家提供便宜、保存期限長且容易攜帶的糧食」[51]。

後來，在二次世界大戰期間，鹽醃牛肉扮演了關鍵角色，為英國士兵和平民提供蛋白質。在一九四二年四月到九月大西洋海戰的高峰時期，鹽醃牛肉罐頭在英國肉類的配給中占了七分之一[52]。當時，從美國運到英國及蘇聯的食物有極大部分遭德國潛艇擊沉——幸好，英國後來破解了德國海軍號稱牢不可破的恩尼格瑪密碼。

鹽醃牛肉的英文是「corned beef」，但並非因為裡面有加玉米。「corn」對今天大部分的人來說是玉米的意思，但這其實是相對近代的美式用法。在更早以前的英式英文中，「corn」泛指各種「穀粒」或「顆粒」（grain），不單指玉米粒*。所以，鹽醃牛肉的英文跟生產過程所使用的醃肉方式有關，因為過去是用顆粒狀的鹽巴來醃漬的，在今天則通常是用鹽水。

大部分的英國人只要想一想，就會發現日常中經常碰到「corn」的古老用法。很多英國人居住的城鎮都有一棟名叫穀物交易所（Corn Exchange）的建築，這是從前穀物市集舉辦的地點；在美國，這種建築物則會叫做「Grain Exchange」。很多英國人在念中學時，一定也曾在歷史課上學到多個穀物法案（Corn Laws）。

一八一五年那次通過的《穀物法》，目的是要對較便宜的外國穀物實施進口關稅或進口禁令，以保護英國的穀物生產者。英國雖然從十五世紀以來就通過了無數個穀物法案，但是這一次卻特別有爭議，因為它發生在工業革命之初，製造業正快速成長，都市人口也迅速增加。工廠工人、職員、商店老闆、資本主義者等都市人沒有辦法自己種田，必須購買穀物，因此對他們

---

* 「corn」這個字的演變曾帶來一些很大的誤會。網路上某些為十八世紀小說《魯賓遜漂流記》繪製的插圖會畫出一排排種植整齊的玉米，因為魯賓遜有提到種植「corn」這件事，但他說的其實是稻米和大麥（關於魯賓遜的飲食，請見〈椰子〉）。

來說，《穀物法》是個討厭的東西。

批評者認為，若是沒有《穀物法》，英國就能進口比較便宜的外國穀物，讓都市人口不用花那麼多錢在食物上，甚至連眾多必須採買食物的鄉下人（像是農業勞工）也能受惠。他們還指出，食物如果變便宜，資本家就能賺更多利潤，因為他們可以少付一點薪水給員工，投資更多金錢在當時正促進國家繁榮的製造業。《穀物法》的反對者認為，這樣的話，即使農業地主的地租所得變少、種植穀物的農業資本家利潤變低，對整個國家還是比較有利。

理查·科布登（Richard Cobden）和約翰·布萊特（John Bright）兩位國會議員在一八三八年成立了著名的反穀物法聯盟，在以開放自由聞名的前英國首相柴契爾夫人眼中，他們兩人都是政治英雄[53]。當時，非農業族群的人數和勢力因為工業革命而出現增長，在他們的支持下，這個聯盟發起效果顯著的運動，成功在一八四六年廢除該法[54]。

二十世紀最知名的自由市場經濟學家米爾頓·傅利曼跟妻子蘿絲·傅利

曼曾經合著一本影響力極大的作品《選擇的自由》，他們在書中寫到，《穀物法》的廢除是在「為了終結政府對工業和貿易的限制所發起的戰爭」中「最後的勝利」。根據傅利曼夫婦所說，廢除《穀物法》「帶來七十五年完全的自由貿易時期，直到一次世界大戰爆發。這完成了幾十年前就已啟動的轉變過程，帶來一個權力相當有限的政府」[55]。

以資本主義歷史普遍的觀點來看，在英國的率領下，這個以自由貿易和資本自由流動為基礎的「自由」國際經濟秩序，為全球帶來了一段空前的經濟繁榮期——直到兩次世界大戰和經濟大蕭條，才因為經濟和政治的動盪而不幸遭到打斷[56]。

然而，跟所有類似的故事一樣，這個自由貿易的「起源故事」充滿了錯誤和迷思。我們暫且不管傅利曼夫婦認為妨礙生產力的「政府對工業和貿易的限制」，其中很多措施正是在英國實行自由貿易之前，讓英國製造業得以躍上全球舞台的原因（請見〈蝦子〉）*；我們也先暫時忽略英國在廢除《穀物法》後，其實並沒有完全過渡到自由貿易的這個「小細節」：在一八四八年，仍有超過一千一百項產品要付關稅，其中很多品項的關稅還相當高。儘管如此，英國還是要到一八六〇年才稱得上是真正的自由貿易國家：只有不到五十項產品需要繳納關稅[57]。

就算我們忽略這兩個「令人尷尬的事實」，自由貿易的創始神話仍有一個大漏洞——英國根本不是第一個實行自由貿易的國家。這項殊榮其實應該頒給拉丁美洲的國家，因為它們在一八一〇到一八三〇年代間，比英國早了幾十年實行自由貿易政策[58]。

拉丁美洲國家雖然是自由貿易的先驅，但是它們的「自由」貿易並不是它們「自由」選擇的。在十九世紀初期的幾十年，它們從西班牙和葡萄牙殖民國獨立出來後，就被以英國為首的歐洲大國強迫簽署後來所謂的「不平等條約」。除了其他條款，這些條約強迫弱國實行自由貿易，剝奪它們的「關稅自治權」，也就是自行設立關稅的權利△。它們只獲准實施非常低的平均關稅率，通常為五％，但也可能低到三％。這樣一來，政府就可以有一點收入，卻不至於影響國際貿易的流通。

從一八三〇年代起，其他仍然獨立的弱國也被強迫簽署不平等條約，加入自由貿易國家的行列，包括鄂圖曼土耳其帝國、暹羅、波斯（現在的土耳其、泰國、伊朗），以及中國。一八五三年，日本被美國海軍的培里准將以「砲艦外交」的手法強制開港通商，同樣也被迫簽署這些條約。這些條約在一九一〇年代到期後，日本馬上拋棄自由貿易，將工業製品的關稅提高到平均三十％左右，這樣它就能推動國內的新興產業，抵抗優越外國生產者的競爭（請見〈蝦子〉）。拉丁美洲國家的不平等條約在一八七〇和一八八〇年

＊在一八六〇年，英國生產了全世界製造業產量的二十％。一八七〇年，在世界工業製品的貿易中，英國占了四十六％。

△在「其他條款」中，最重要的莫過於「治外法權」，也就是強國的公民不能在弱國的法庭上接受審判，因為弱國的法律制度被認為品質太差，不適合較為「進步」的國家的公民。這些條約也讓強國的個人和公司有採礦權、伐木權等，能以優惠的價格剝削弱國的天然資源。

代到期時，早已做了同樣的事情。

當強制自由貿易在十九世紀和二十世紀初的全球各地盛行時，保護主義在荷蘭、瑞士以外的歐陸和北美卻是常態[59]。美國在這方面特別猖狂，一八三〇年代到二次世界大戰期間，工業關稅率平均為三十五到五十%，那段時期幾乎多數時間都是世界上保護程度最高的國家。

所以，傅利曼夫婦所說的「七十五年完全自由貿易時期」，其實並不是我們平常所理解的「自由」貿易。在歐洲和北美那些可以自行選擇貿易政策的幾十個國家中，只有英國、荷蘭和瑞士等少數國家實行自由貿易。其他的自由貿易國家全都出於被迫，而非自願，包括簽訂不平等條約的亞洲和拉丁美洲弱國，還有歐洲強權在亞洲和非洲的殖民地（被迫跟殖民母國進行自由貿易）。

看清國際貿易背後的權力不對等

幸好，今天的國際貿易體系不再有這種「不自由的自由貿易」。所有的不平等條約都已經在一九五〇年代以前終止。到了一九八〇年代，雖然還有約六十個屬地受到殖民統治，仍然相當驚人，但人口夠多的國家大部分都已經去殖民化了[60]。更重要的是，從一九九五年以來，國際貿易就受到世界貿易組織的規範，所有成員國都有同等的投票權，不像其他國際組織那樣，軍事或經濟力量比較強大的國家有比較大的發言權*。

然而，這一切仍不表示國際貿易中沒有權力不對等的情形。雖然它們不像以前那麼毫不掩飾和野蠻殘酷，但強國依然會運用自己的力量形塑、管控

---

* 在聯合國安全理事會，美、英、法、俄、中這五個常任理事國擁有否決權。在世界銀行和國際貨幣基金組織，成員國的投票權則跟付出的股本多寡有關，因此富國的權力比較大。結果就是，富國擁有絕大多數的票數，而擁有十八%票數的美國在關鍵決策上擁有實質的否決權，因為這些決策需要有八十五%的絕對多數。

國際貿易體系，讓自己獲益。

首先，比較強大的國家在世界貿易組織一開始擬定規範時，就有比較大的影響力可以設定議程，確保那些規範對它們有利。比方說，世界貿易組織針對農業生產者設下的貿易保護和補助限制比製造業少。原因不難想像：相對來說，富國的農業較弱，而窮國的製造業較弱。

我們也可以想想：各國政府對跨國企業在國內的運作進行規範時，世界貿易組織是如何加以限制的。世界貿易組織禁止各國政府要求「本地自製率」，也就是要求跨國企業有一定比例以上的生產投入必須從當地購買，而非使用進口品（請見〈香蕉〉和〈麵條〉）。這條規定對富國特別好，因為大部分的跨國企業都是來自富國。這些例子顯示，即使所有國家都遵守同樣的規定，權力較大的國家卻比較有可能在這個體系當中獲得好處，因為它們早已確保規定的內容對自己有利。

此外，明文規定是一回事，實際應用又是另一回事。以世界貿易組織的關稅規定為例，這些規定其實對開發中國家很好，允許它們採用較高的關稅。然而，開發中國家實際上從這些規定得到的好處很有限，因為富國會運用權力阻止它們充分使用自己的關稅額度。

這常常是經濟力量所造成的。富國把貿易自由化做為金援開發中國家的一項重要條件，其支持包括它們提供的雙邊「外援」，以及世界銀行和國際貨幣基金組織等多邊金融組織提撥的貸款（這些組織也是富國掌控的，請見第一三九頁註腳）。其他時候，它們會利用自己的「軟實力」——比較高級的說法就是「觀念實力」（ideational power）——像是學術界、國際媒體和政策智庫等，以來說服開發中國家自由貿易對它們是好的。

結果，今天開發中國家實際用到的工業關稅率平均大約為十%，即使根據世界貿易組織的規定，這些國家視個別情況，其實可以有二十%、三十%甚或更高的關稅率。這顯示，權力不只可以讓某個人違背意願去做某件事，還可以讓某個人因為害怕受到懲罰，或是相信這樣做對自己不好，而不去做其實對他有益的事情。

人類對牛肉看似有永不饜足的欲望，加上萃取、罐裝和冷藏等食品保存技術上也蓬勃發展，讓牛肉在過去一百五十年征服了全世界。牛肉擁有如此的霸權，使整個地球已經變成環境科學家瓦茲拉夫・史密爾（Vaclav Smil）口中的「母牛星球」*。牛肉產業在溫室氣體、森林砍伐和水資源等方面為地球環境造成了極大的負擔（請見〈蝦子〉和〈萊姆〉）[61]。牛肉在人類的飲食系統中占據了如此重要的位置，要討論肉類為人類社會和經濟帶來的影響好壞，我們不可能不談到牛肉。

同樣地，資本主義及其附帶的自由市場與自由貿易經濟觀興起後，「自由」已經變成我們思考社會和經濟時，一定會談到的概念。任何含有「自由」這個詞的概念，就被認為是好的：自由貿易、自由市場、言論自由、新聞自由、自由鬥士等等；任何可能跟這些東西相左的概念，則被認為是原始、壓迫、落後的。

可是，自由的概念有很多種，並非對所有人都一定是好的（請見〈秋葵〉）。以自由貿易的「自由」為例，這裡「自由」指的僅限那些從事跨國貿易的人的自由，讓他們不必受到各國政府約束，既不用遵守進口禁令之類的規範，也不用繳納關稅之類的稅金，僅僅如此而已。因此，自由貿易在十九世紀和二十世紀初剛開始形成時，才會出現那種病態局面：「自由」貿易幾乎完全只在「不自由」的國家中進行，因為它們被殖民主義和不平等條約剝奪了決定自己未來的權利。

即使在現在的自由貿易，各國擁有形式上的平等，自由貿易依然不代表能讓每個人都平等受益，因為國際貿易的規定是由比較強大的國家擬定和實施，對它們自己有利。

唯有明白國際貿易中權力不對等的真相，不被「自由」這個用詞迷惑，我們才能明白為什麼自由貿易這個理應對每個人都好的東西，竟可以在各國之間產生這麼多的糾紛和衝突。

---

* 史密爾在著作《數字裡的真相》的其中一章〈母牛的星球〉計算過，牛隻的總重量是人類的一點五倍、大象的兩百倍。

香蕉

香蕉共和國帶來的跨國企業啟示

貓王三明治，張家版本／美國
吐司塗上花生醬、擺上香蕉片、淋上蜂蜜

很多菜餚都是以傳聞中的發明者命名，像是東坡肉、凱撒沙拉或烤起司玉米片（nachos）*，或是以該菜餚據稱要致敬、紀念的那個人命名，像是威靈頓牛排、瑪格麗特披薩和蜜桃梅爾巴△。

可是，有一道菜卻是純粹以很愛吃這道菜的人來命名的：貓王三明治。貓王三明治是一款香蕉花生醬口味的三明治，通常會加培根，但是不一定，有時候也會加蜂蜜或果醬。據說，美國傳奇搖滾歌手貓王非常喜愛，一天到晚都在吃，吃到大家開始用他的名字來稱呼這款三明治。

我跟貓王一樣。淋上一點點蜂蜜的花生醬香蕉三明治是我太太最喜歡的早餐品項之一，我常常跟她一起享用。甜美綿密的香蕉配上充滿堅果味又有點鹹香的花生醬，真是令人難以抗拒。

我承認，夾在三明治做內餡是滿不尋常的香蕉吃法。人們確實會把香蕉做成甜點，像是香蕉蛋糕、香蕉馬芬、香蕉船或香蕉太妃派，可是香蕉主要還是被當成一種水果食用，不是單吃，就是放在麥片、優格或冰淇淋上當配料，就像蘋果或草莓。畢竟，香蕉也是水果，對吧？

然而，住在不產香蕉的國家的人才會這麼認為。據估計，有八十五%的香蕉在產地就被吃掉了，包括南亞、東南亞、非洲、南美洲和加勒比海地區[62]。在這些地區，香蕉當然也會當成水果食用，但是更常見的做法是煮來

---

* 這些分別是以十一世紀的中國詩人蘇東坡、二十世紀初的義大利裔美籍廚師凱撒．卡狄尼（Cesare Cardini）以及二十世紀中葉的墨西哥廚師伊格納西奧．安那雅（Ignacio ‘Nacho’ Anaya）命名。

△ 這些分別是以這幾個人命名：在滑鐵盧戰役打敗拿破崙的英國將領——第一代威靈頓公爵亞瑟．韋爾斯利（Arthur Wellesley）、義大利統一後的第一任王后瑪格麗特王后（一八七一年即位）以及十九世紀晚期的澳洲女高音內莉．梅爾巴（Nellie Melba）。

吃，做為一餐的碳水化合物來源，手法從燙的、蒸的、炸的到烤的應有盡有；或者，也會做為鹹食餐點當中的蔬菜，這在印度南部尤其常見。而且，煮來吃的不只是所謂的「煮食香蕉」，比較甜的品種「鮮食蕉」也會被煮來食用——這也是在產地以外的地區為人所知的那種香蕉，占了香蕉國際貿易的九十五％[63]*。這並不叫人意外，因為這兩種香蕉其實是同一物種的不同栽培品種，香蕉生產國的人通常不會特別加以區分[64]。許多非洲國家也會把香蕉釀成酒。在烏干達、盧安達和喀麥隆等國的鄉村地區，香蕉可以提供每日二十五％的卡路里攝取量[65]。

香蕉源自東南亞，估計是在數千年前馴化的[66]。馴化的過程中，無籽突變種因為可食用的部分比較多而被挑選出來，導致香蕉失去了自然繁殖的能力。沒有人類插手，「將成熟植株地下球莖的分枝（腋芽）移除之後進行扦插」，馴化的香蕉便無法繁殖[67]。因此，以這種方式繁衍的香蕉全都具有一模一樣的基因△。

香蕉在西元前兩千年到西元一千年之間的某個時候跨越印度洋來到了非洲[68]——我知道這個時間範圍很廣，但這種事就是這樣。所以，當第一批歐洲人（也就是葡萄牙人）在一四七〇年代來到非洲西岸的撒哈拉以南地區，香蕉已經在非洲大陸馴化好幾百年，甚至可能好幾千年了。葡萄牙人沿用了

---

* 世界上有一千多個香蕉品種，而總產量的半數左右都用於國際貿易，其中絕大多數（九十五％）都屬於香芽蕉（Cavendish）這個品種。此品種於一八三〇年代中葉培育出來，以第六代德文郡公爵威廉·卡文迪許（William Cavendish）的名字命名。不過，研發者不是卡文迪許，而是他的首席園藝師傅和友人約瑟夫·帕克斯頓（Joseph Paxton）。帕克斯頓把這個新的香蕉品種取名為 *Musa cavendishii*（*Musa* 是包括各種蕉種的屬），以向他的雇主和朋友致敬，因為培育出這種香蕉的溫室位在德比郡的查茨沃斯莊園，也就是卡文迪許公爵的住所——不要問我德文郡公爵的住所為什麼在德比郡，而不在德文郡；英國的貴族世界就是有無窮無盡的怪事。

△ 這表示，跟其他作物相比，香蕉可能很快就會變成基因同質，特別是在以獲利為王道的商業環境。然而，因此造成的有限基因庫讓人很難防治香蕉的疾病。目前，有人擔心占了香蕉國際貿易九十五％的香芽蕉可能會被一種真菌引起的黃葉病給滅絕。香蕉產業現在會處於這樣的局面，是因為它重犯了歷史錯誤，為了追求利益而減少基因多樣性。香芽蕉這個品種在一九五〇年代出現在商界，是為了取代之前占有絕對優勢的另一個商業品種「大米七香蕉」，因為大米七香蕉就是被黃葉病較早的變種（TR1，即熱帶第一型，有別於現在的 TR4）所殲滅。

中西非班圖語系的香蕉（banana）一詞[69]。諷刺的是，歐洲人在一五二一年才第一次在香蕉位於東南亞的故鄉看到這種水果；當時，葡萄牙船長麥哲倫正在進行著名的太平洋之旅[70]。

在一四七九年之前，葡萄牙人占領了馬德拉和加那利群島的部分地區，他們用香蕉餵飽被迫在當地生產蔗糖的非洲奴隸。葡萄牙人將非洲奴隸運到美洲時，也用香蕉（特別是煮食香蕉）和米飯做為奴隸船上的主食。在蔗糖莊園裡，奴隸主會鼓勵奴隸在他們配得的小塊土地上種香蕉，目的是要生產糧食補充微薄的配給。只要氣候對了，香蕉樹整年都可以結果，而且產量極高，不需要付出很多勞動，每英畝就可以長出二十萬磅，是山藥的十倍、馬鈴薯的一百倍[71]。因此，這是很適合在奴隸的小塊土地上種植的作物，因為奴隸主不希望奴隸花太多時間在那些地方。

香蕉剛來到美洲時，是奴隸制莊園經濟不可或缺的齒輪；幾百年後，它成為該地區許多國家出口經濟的引擎。

十九世紀晚期，鐵路、蒸汽輪船和冷藏技術出現進展，讓易腐壞農產品的大規模、遠距離出口轉為可能（請見〈裸麥〉、〈秋葵〉和〈牛肉〉）。香蕉是這些發展的主要受惠者之一。基於香蕉易腐壞的特性，在十九世紀晚期以前，就連在距離美洲的香蕉產地很近的美國，香蕉也屬於一種奢侈的水果。當大規模進口香蕉到美國變得可行之後，聯合果品（今天的金吉達）及其較弱的對手標準果品（今天的都樂）等美國公司便在加勒比海地區、中美洲以及南美洲北部，建立了大規模的香蕉園，範圍涵蓋古巴、多明尼加、海地，以及宏都拉斯、哥斯大黎加、尼加拉瓜、巴拿馬和瓜地馬拉，也包括了當前全球最大的香蕉出口國哥倫比亞和厄瓜多。

美國的香蕉公司很快就支配了這些國家的經濟。例如，在宏都拉斯，聯合果品公司和標準果品公司掌控了鐵路、電燈、郵務、電報和電話[72]。在一九三〇年代的瓜地馬拉，聯合果品公司是「最大的地主、最大的雇主、最大的出口公司，也幾乎持有該國全部的鐵路」[73]。在這些仰賴香蕉的國家裡，很多人把美國的香蕉公司稱為「章魚」，因為他們國家幾乎所有的經濟層面都被這些公司緊緊控制住了[74]。

這種近乎絕對的經濟控制，自然也讓這些香蕉公司能對美洲香蕉生產國的政治呼風喚雨。香蕉公司擁有自己的海關和警察，它們的商業活動很多都不受該國管轄；它們會收買政治人物，以確保國家推動「對生意有利」的政策。若當地政府對香蕉公司不利，像是把極低的稅率提高一點點、強迫它們賣掉沒有使用的土地、稍微強化一點點工人的權利等，它們也會支持政變推翻政府，有時還會派出稱作「非法侵略者」（filibuster，源自荷蘭語的「海盜」一詞）的美國傭兵。在整個二十世紀的前半葉，美國海軍經常入侵這些國家，以便保護美國公司——特別是香蕉公司——的利益[75]。

哥倫比亞的香蕉大屠殺事件爆發之後，美國香蕉公司的名聲更加敗壞了。在一九二八年的秋天，聯合果品公司香蕉園的工人發起罷工，希望爭取到今天看來很基本的權利，諸如：提供廁所和醫療設施；薪資使用現金支付，而非只能拿到票券，用來購買聯合果品公司商店裡那些價格高於行情的東西；把工人當成正式員工對待，而不是像外包人員那樣，連微弱的勞動法能提供的有限保護也得不到[76]*。

雖然從該地區過去發生的事件判斷，罷工很有可能迅速落幕，但美國政府還是威脅，如果不趕快解除罷工，就要進行軍事干預，因此哥倫比亞軍隊決定在十二月六日透過武力結束一切。過程中，軍隊在謝納加這個香蕉城鎮射殺了為數眾多的罷工者，實際的死亡人數仍有爭議，估計從四十七人到兩千人不等[77]。

哥倫比亞小說家和諾貝爾文學獎得主馬奎斯（Gabriel García Márquez）在其巨作《百年孤寂》中（我必須坦承這是我最喜歡的一本書），把香蕉大屠殺永遠刻印在我們的共同記憶裡。馬奎斯在書中將這起事件寫成虛構的故事，場景設定在馬康多這座種植香蕉的虛構小鎮：故事中有三千多名罷工工人被殺，屍體被堆上火車車廂帶離事發現場，以抹滅屠殺的所有證據。

從十九世紀晚期到二十世紀中葉，美國香蕉公司在中美洲和南美洲北部

＊所以，零工經濟不是在矽谷發明的。

的影響力是如此之大，使得這些國家被稱作「香蕉共和國」。這個詞在一九〇四年的短篇故事〈海軍上將〉中出現，作者是本名為威廉・西德尼・波特（William Sydney Porter）的美國短篇小說家歐・亨利。他曾在一八九七年流放期間旅居宏都拉斯，因而將故事背景設定在象徵宏都拉斯的虛構國家「安朱利亞」。他寫出該國政府在財政和組織方面可悲的本質，並稱安朱利亞為「香蕉共和國」[78]。約半個世紀後，智利詩人、同時也是諾貝爾文學獎得主的巴布羅・聶魯達（Pablo Neruda）在一九五〇年寫了一首詩〈聯合果品公司〉，提到「香蕉共和國」，讓這個詞更廣為人知。

今天，在美國和其他富國，很多人都只知道香蕉共和國是一個服飾品牌，但是這個詞一開始會出現，是要用來描述富國大企業在開發中窮國近乎絕對的支配。服飾品牌使用這個名稱，不是無知，就是無禮，就好比把一間嘻皮咖啡磨豆商店稱作「撒旦磨坊」，或把一間高級墨鏡行稱作「黑暗大陸」。

香蕉共和國的現象顯示了，那些在許多國家都有營運的強大富國企業——稱作多國公司或跨國企業——有可能對接受它們投資的「地主經濟體」帶來負面的影響。

可是，別因為這樣就對跨國企業一律產生負面的觀感，跨國企業的存在也有可能為地主經濟體帶來許多好處。

若有跨國企業進駐，就可以讓經濟落後的國家開啟它們自己絕對無法推動的全新產業。例如，英特爾在一九九八年便在原本屬於「香蕉共和國」的哥斯大黎加開了一間新的微晶片組裝工廠，讓這個國家展開半導體產業[79]；又或是像一九六〇年代中期的南韓，雖然只是個窮國，而且最先進的產業也只是用進口材料組裝電晶體收音機，但是因為當時有Fairchild和Motorola這些世界頂尖的半導體公司進駐設立組裝工廠，現在才能變成半導體產業的一大龍頭[80]。

即使是地主經濟體本來就有的產業，跨國企業也可以傳授較優越的技術和新的管理技巧。這是有可能直接做到的：也就是當地主國的公民在跨國企業的子公司擔任經理、工程師和勞工之後，換到本地的公司任職甚或自己開業，從而帶來自己習得的新知識。不過，這也有可能間接發生，也就是當跨國企業向本地公司購買原材料時，它們可以讓本地公司試著達到更高的技術和品質標準，有時還可以提供技術協助。

因此，若國內有跨國企業營運，就會有巨大的潛在好處。商業領袖、經濟學家和世界銀行、世界貿易組織等國際組織都會點出這些好處，建議開發中國家張開雙臂歡迎跨國企業，跟它們收取較低的稅金甚至免稅，也不要嚴密規範它們，或甚至讓它們不必遵守一些當地的規範，特別是跟勞工和環境有關的那些類別。愛爾蘭和新加坡常常被視為典範，透過這類政策積極接納跨國企業的投資（稱作外來直接投資），從而實現經濟繁榮。

可是，問題在於跨國企業可以帶來的潛在好處就只是「潛在」的好處，要真的加以實現，就需要政府的政策來讓跨國企業做出正確的行為。

讓跨國企業的「潛在好處」充分發揮

由於開發中國家擁有的技能水準相對較低，跨國企業要雇用高階層的管理和技術人員時，會從國際勞力庫當中找人，導致地主國的人民只能做低階層的工作，沒有什麼機會可以吸收較高水準的知識。有時基於政治原因，跨國企業甚至連低階層的工作也找自己人來做，像是某些中國的建設公司。由於在地公司的生產技能較為低落，通常還有很多新事物有待學習，因此跨國企業進口材料時，比較喜歡在母國或已建立起供應網絡的國家找固定合作的供應商，而不願意嘗試在地公司「品質未知」的產品。

結果就是，地主國出現很多跟當地經濟隔絕開來的「經濟小圈圈」，跨國企業的子公司在圈子裡會採取「螺絲起子操作」（screwdriver operation），原材料大多使用進口貨，很少跟在地公司購買，只在最後組裝時運用廉價的當地勞工。在這種狀況下，地主國或許會有一些有限的短期效益，像是付給勞工的薪水、向在地公司購買一些低技術的原材料等，但是跨國企業所能帶來的真正益處，像是優良的技術、卓越的管理方式、勞工和工程師所需的先進技能與技術訓練等，卻大多不會實現。

菲律賓是最適合說明這種「飛地經濟體」（enclave economy）的例子。根據某些資料，這個國家是世界上最高科技的經濟體——世界銀行的數據顯示，菲律賓的製造業出口有六十％屬於高科技產品，其中大部分為電子產品——這個比例是全球最高，遠高於美國的二十％，甚或南韓的三十五％[81]。雖然這麼「高科技」，菲律賓的平均每人所得卻只有三千五百美元左右，南韓則是超過三萬美元，更別提美國是大約六萬美元了。箇中原因在於，菲律賓出口的電子產品比例雖高，卻全是跨國企業子公司在經濟小圈圈裡從事螺絲起子操作所生產的。菲律賓雖然是最極端的一個例子，但是跨國企業子公司進到開發中國家，最後確實常常出現類似的情況。

有鑑於此，許多政府會對跨國企業加以規範，以從中獲得最大利益，這也就沒什麼好意外的了。有的政府會限制跨國企業的持股，讓跨國企業不得不與在地公司合資經營，這樣在地公司便更有機會向比較優秀的公司學習。

在關鍵領域中，跨國企業的持股通常被限制在五十%以下，這樣當地人才有比較好的談判籌碼。

各國政府也會要求跨國企業把技術轉移到子公司，或是限制把技術轉移給子公司所收取的權利金。有時，政府會規定跨國企業雇用一定比例以上的當地人或是對員工進行訓練。為了獲得跨國企業投資的最大間接利益，它們也會要求跨國企業的子公司購買原材料時，至少有一定比例必須跟在地供應商購買，這就稱作「本地自製率要求」。從二次世界大戰結束到一九八〇年代，日本、南韓、台灣、芬蘭等國都廣泛運用這些政策，結果十分成功[82]。

韓國和台灣的例子特別有趣。為了吸引跨國企業進駐，這兩個國家起初提供免稅的優惠，甚至在成衣、玩偶、球鞋等不涉及高科技的領域，讓國內原本就很弱勢的勞動法規部分暫停適用。然而，跟今天很多人的普遍認知不一樣，這兩國也實施各種規範，將跨國企業的投資導向電子和汽車等高科技產業，並盡量從跨國企業吸取大量的技術和技能。

多虧了這些政策，韓國和台灣現在也有了自己的世界頂尖跨國企業，像是半導體產業的三星和台積電、螢幕產業的LG和汽車製造業的現代－起亞汽車（請見〈麵條〉）。中國過去幾十年來也在做類似的事，但由於大部分的跨國企業都想進駐龐大的中國市場，這讓中國握有很大的談判優勢，往往能透過跟個別跨國企業進行非正式的協商，達成知識轉移，不像韓國和台灣必須透過正式的立法程序。

再看愛爾蘭和新加坡這兩個國家，儘管多數人認為它們的經濟成就源自對跨國企業的自由放任，但事實上它們也是因為公共政策的介入才能成功（當然，愛爾蘭的歐盟成員國身分、新加坡位於國際貿易關鍵地點的優勢，也都有幫助）。這兩國的政府並不是靜靜等待跨國企業自動上門，再任其為所欲為；它們反倒費心提供各種客製化的協助，支持願意投資電子和製藥等高科技產業的跨國企業[83]。以新加坡為例，該國政府充分利用自己身為全國最大地主、擁有國內將近九成土地的優勢，以合理的租金把好地點租給跨國企業，藉此吸引它們進駐高生產力的產業。

香蕉是世界上產量最豐碩的水果，可是這一點被不當利用時，卻造成極為負面的結果。起初，香蕉讓美國的莊園主用最少的成本就能養活奴隸；後來，香蕉變成加勒比海地區許多經濟體出現勞動剝削、政治腐敗和國際軍事侵略的原因。

跨國企業也是如此，很多就跟香蕉一樣富有生產力，但是假如用錯方法，地主國就算沒有淪為「香蕉共和國」，也會變成「飛地經濟體」。只有推動公共政策來確保技術、勞工技能和管理技巧可以最大程度地轉移，地主經濟體才能真正享受跨國企業帶來的好處。

可樂

美國的象徵熱賣，華盛頓共識卻滯銷

可口可樂／美國

這不用我解釋吧

我不常喝可口可樂或其他汽水。

然而，有時候在炎熱的夏日午後，就連我也覺得沒有什麼比冰冰涼涼的可口可樂還要讚的。不過，我絕對不直接從瓶子或罐子喝可樂。這不是因為我很注重飲食禮節，只是因為我需要一個容器——若有必要，要我用碗喝可樂也沒關係。原因在於，即使冰過了，我喝可樂還是喜歡加很多冰塊，因為我覺得單喝可樂實在太甜，有必要稀釋一下。

可是，地球上有數十億人不同意我的說法。他們熱愛對我來說過甜的可口可樂滋味。英國記者湯姆・斯丹基（Tom Standage）在二〇〇〇年代中期寫道：「可口可樂公司營運的範圍涵蓋兩百個國家，比聯合國的會員還多。這家公司出產的飲料現在是全世界最廣為人知的產品，而『可口可樂』據說是世界上第二多人知道的詞語，僅次於『OK』[84]。」

由於可口可樂是美國最具代表性的產品，它漸漸成為美國資本主義的象徵，既代表了好的一面，也代表了壞的一面。對某些人而言，可口可樂是個人、經濟和政治自由的象徵，例如前蘇聯的叛逆年輕人*；對另外一些人而言，像是一九八〇年代以前印度的左派，可口可樂體現了美國資本主義的過錯，包括消費主義以及更糟的——對消費者喜好進行的商業操弄。一九七七年，可口可樂拒絕找一間印度當地的公司合資經營，因此印度政府做出一個極具象徵性的舉動：取消可口可樂在該國營運的執照。同樣具有象徵意義的是，印度在一九九一年經濟開放後不久，可口可樂便在一九九三年重返印

* 我不該過分強調可口可樂的象徵重要性。它雖然稱得上是最重要的象徵，但是同樣具代表性的還有Levi's牛仔褲、萬寶路香菸和搖滾樂團的密紋唱片。

度。幾乎沒有其他食品像可口可樂一樣背負這麼多的全球政治象徵。

二次世界大戰期間，在列寧格勒和史達林格勒這兩場關鍵戰役幫助蘇聯戰勝納粹的喬治・朱可夫元帥（Georgi Zhukov），也曾巧妙地避開可口可樂地雷區*。據說，後來當上美國總統的艾森豪將軍在戰時介紹他喝這款飲料，他馬上就愛上了。他在一九四五年五月到一九四六年六月擔任蘇聯駐歐洲的占領軍指揮官時，特別吩咐可口可樂公司製造透明的可口可樂，這樣別人就不會知道他喝的是美國資本主義的象徵。這款透明的可口可樂是將焦糖色素去除而製成，在布魯塞爾製造之後，裝進普通的瓶子裡，再運到元帥位於歐洲的總部[85]。只有史上最偉大的軍事戰略家才想得出這麼天才的手法。

可口可樂最初是美國喬治亞州亞特蘭大的約翰・彭伯頓（John Pemberton）所發明[86]。他在一八八五年發行了彭伯頓法國古柯酒，主要原料有古柯葉、可樂果和酒。之前已經有別款飲料混合酒精和古柯葉，其中馬里亞尼酒特別受歡迎。這款酒是將古柯葉浸泡六個月製成，維多利亞女王和愛迪生都很喜歡喝[87]。彭伯頓創新的地方在於，他把可樂果加了進去。這款飲料被當作「舒緩神經的藥酒」販售。我不知道這是什麼意思，十九世紀的西方世界似乎有很多神經方面的問題。

在一八八六年，喬治亞州的亞特蘭大和周遭的富爾頓縣這兩個彭伯頓飲料的主要市場所在，下達了禁酒令。於是，彭伯頓把法國古柯酒的酒精拿掉。但少了酒精，古柯葉和可樂果這兩個主要原料的苦味會變得很明顯，所以他又另外加入柑橘油和糖來掩飾苦味。最後的無酒精成品就稱作可口可樂。

起初，可口可樂是在藥局裡使用汽水機販售，可能是為了增加它的藥用可信度，因為當時的人認為碳酸飲料對健康有益。一八九四年，可口可樂開始瓶裝販售，因此可以遠距離運輸，擴大了潛在市場。到了一九一〇年代中期，可口可樂受歡迎到有仿冒品出現，公司為了遏止假貨，便在廣告上宣傳

---

* 譯註：共產國家的朱可夫若被發現愛喝象徵資本主義的可口可樂，可能有損個人和國家的形象。因為他是元帥，所以作者用軍事術語作譬喻。

「認明真正的可口可樂」[88]。公司在一九二〇年代開始出口可口可樂，到了一九三〇年代，可口可樂已經變成國家象徵。一九三八年，可口可樂被形容成「美國的昇華精髓」[89]。

可口可樂這個名稱是彭伯頓的商業夥伴法蘭克．羅賓森（Frank Robinson）所想出來的，結合了這種飲品的兩大原料：古柯葉（coca leaf）和可樂果（kola nut）。

可樂果來自西非，含有咖啡因和巧克力也有的可可鹼（請見〈巧克力〉）。這兩種物質都是興奮劑[90]，而可樂果的咖啡因含量甚至比咖啡和大多數的茶葉還多。因為這個特性，西非人會咀嚼可樂果來提神，同時抑制食慾，因此吃下可樂果的人便能「長時間勞動而不感到疲累或口渴」[91]。在西非文化中，咀嚼可樂果是社區集會、生命階段重要的儀式，也是簽署條約及合約的典禮上相當常見的行為[92]。據說，可樂果也會讓遠洋船隻上發臭不新鮮的飲用水變得比較好喝，所以被來自非洲的奴隸船所利用[93]。

在二〇一六年，可口可樂裡的可樂果被合成化學物質取代[94]。結果，可口可樂就好比某些熟齡搖滾樂團，多年來因為藝術風格不同和成員衝突而經歷多次重組，最後沒有任何一個當初的成員留下來。可口可樂的另一個創始成員古柯葉則含有古柯鹼，可增加可樂果當中咖啡因和可可鹼的功效。不過，它早在一百多年前的二十世紀初就「脫離樂團」，因為古柯鹼的成癮性質在當時漸漸明朗，公司決定從配方中加以剔除*。

古柯鹼來自古柯這種植物，是南美洲西部的原生種。它生長在高海拔的安地斯山脈，原住民會咀嚼古柯葉或拿它泡茶來喝，以緩解在氧氣濃度較低的地方工作所出現的疼痛，同時讓他們不吃東西也可以撐下去，因為古柯葉跟可樂果一樣可降低食慾[95]。用這些方式食用古柯葉並不會讓人成癮或傷害身體，而且更重要的是，古柯葉就像可樂果一樣，在安地斯山脈和拉丁美洲

* 更準確來說，古柯葉其實還以鬼魂的形式存在於這個樂團。可口可樂公司決定剔除古柯鹼之後，便使用「用過」的古柯葉，其中含有的古柯鹼已經完全被提煉出來，只剩下古柯葉的風味。

的原住民族群裡，扮演了重要的文化和宗教角色[96]。那裡有很多人都會種植古柯。

大膽違逆華盛頓共識的粉紅潮流

玻利維亞的前總統（二〇〇六—二〇一九年在任）埃沃・莫拉萊斯（Evo Morales）以前也是古柯農夫——他同時也是拉丁美洲國家之中第二位當過總統的原住民；第一位則是十九世紀的墨西哥總統貝尼托・胡亞雷斯（Benito Juárez，任期一八五八—一八七二年）。一九九〇年代晚期到二〇〇〇年代初期，玻利維亞政府加入美國的「毒品戰爭」，在美國政府的大力支持下，試圖強制消滅古柯農業。莫拉萊斯發起了反抗運動，因而在政壇崛起。

在抗議所謂「華盛頓共識」——是指財政緊縮、貿易自由化、管制鬆綁、民營化等一系列政策，在先前的二十年對該國造成不好的影響——的聲浪之中，莫拉萊斯於二〇〇五年當選總統。華盛頓共識會有這個名稱，是因為提倡這些政策的三個經濟組織都把總部設在華盛頓特區，它們分別是美國財政部、國際貨幣基金組織和世界銀行，在國際上權力極大。

當上總統後，莫拉萊斯便將該國主要的出口產業天然氣國有化。接著，他將水電和鐵路等公用事業部分國有化，並提高多為外國籍的礦業公司繳納給政府的權利金，藉此守護國家的礦業財產，同時他也增加社會福利支出。許多經濟學家都預測，他的做法將造成嚴峻的經濟災難，因為根據華盛頓共識，產業國有化、對外國投資者實施不友善的政策以及「向下」所得重分配，都是一個政府對國家經濟所能做出最糟糕的事情。

然而，玻利維亞的表現推翻了那些質疑。莫拉萊斯推動這些政策，該國在他任內的所得不平等程度自然大幅降低*。然而，該國的經濟成長也同樣顯著上升，平均每人所得的年成長率在一九八二到二○○五年的華盛頓共識期間只有○．五％，在莫拉萊斯任期則升高為三％。

違抗華盛頓共識後還能改善經濟表現的拉丁美洲國家不只有玻利維亞。從一九九○年代晚期到二○○○年代中期，有好幾個拉丁美洲國家的左翼或偏左黨派上台掌權，包括阿根廷、巴西、厄瓜多、烏拉圭和委內瑞拉，這被稱作粉紅潮流△。

這些國家沒有像玻利維亞一樣厲害，但是這些粉紅潮流政府確實逼退了許多華盛頓共識的「新自由主義」☆政策。它們增加了對窮人的福利支出，有些國家提高最低薪資、強化工會，進而增加國民所得分配給勞工的比例，有些國家則部分逆轉了貿易自由化的程度，並增加對特定產業的補貼、加強對外國投資者的規範（請見〈香蕉〉）。

它們的政策推翻新自由主義正統派的預測，促進平等和更快的成長。唯一的例外是尼古拉斯・馬杜洛擔任總統時格外悽慘的委內瑞拉。在他的任內，委內瑞拉的經濟崩解了。但，前任總統烏戈・查維茲為委內瑞拉帶來的

＊根據世界銀行和聯合國拉丁美洲和加勒比海經濟委員會的數據，玻利維亞的吉尼係數在這兩個時期之間，從〇・五七降到〇・四八（吉尼係數是計算一國所得不均程度時常用的方法。數字愈高表示不均的程度愈高）。我要感謝馬丟士・拉布魯尼（Mateus Labrunie）蒐集和整理這些數據。

△這些粉紅潮流總統分別是：阿根廷的內斯托爾・基西納（Néstor Kirchner）和克莉絲蒂娜・費南德茲（Cristina Fernández）；巴西的路易斯・伊納西奧・魯拉・達席爾瓦（Luiz Inácio 'Lula' da Silva）和狄爾瑪・羅賽芙（Dilma Rousseff）；厄瓜多的拉斐爾・科雷亞（Rafael Correa）；烏拉圭的塔瓦雷・瓦茲蓋斯（Tabaré Vázquez）、荷西・穆西卡和回鍋上任的塔瓦雷・瓦茲蓋斯；委內瑞拉的烏戈・查維茲（Hugo Chávez）和尼古拉斯・馬杜洛（Nicolás Maduro）。

☆十九世紀的古典自由主義在一次世界大戰和一九七〇年代之間沒落；新自由主義則在一九八〇年代以後出現。無論是古典或「新版」的自由主義，都提倡大力保護私有財產、盡量不去管制市場、自由貿易以及資本的自由流動。然而，新自由主義不像過去的自由主義那樣認為民主會讓無產階級摧毀私有財產，進而摧毀資本主義，因而公開反對民主。新自由主義另一個跟古典自由主義不同的地方則是，它反對貨幣和創意等事物的自由市場，主張要有強大的中央銀行，並支持大力保護智慧財產（請見〈胡蘿蔔〉）。

經濟表現雖不像其他粉紅潮流國家那樣令人讚賞，卻也比前一段的新自由主義時期還要進步*。

我的意思不是說，粉紅潮流國家一切都很順利。這些國家大部分都有降低不平等的程度，可是跟國際標準相比，它們的不平等情形依然非常嚴重。更重要的是，粉紅潮流政府沒有努力為可永續的經濟成長建立紮實基礎，發展高生產力產業來取代長期成長潛力十分有限的礦業、農業等傳統自然資源產業（請見〈鯷魚〉）。

在這方面最失敗的就是巴西。巴西的粉紅潮流政府分別是由綽號「魯拉」（魷魚的意思！）的達席爾瓦和羅賽芙所率領，他們大體延續了新自由主義時期的自由貿易和產業政策，導致該國曾經了不起的製造業衰退到無力回天的地步。粉紅潮流時期結束時，巴西竟比新自由主義時代的巔峰期還要仰賴鐵礦、黃豆和牛肉等天然資源的出口△。

二〇一二到二〇一三年間，全球商品價格因為中國的超速成長而在二〇〇〇年代飆漲的情況來到尾聲，由於粉紅潮流國家沒有減少對初級產品的依賴，因而受到重創。結果是，這些政府在二〇一〇年代後期的大選中都失勢了，而玻利維亞政府則是被政變所推翻。只有委內瑞拉是例外，因為在馬杜洛的獨裁政權下，這個國家已經淪為一個詭異的社會主義變種。

然而，政府的更迭並沒有帶來新自由主義舊體制的復甦。阿根廷和玻利維亞的粉紅潮流政黨在短暫的插曲後又重新掌權☆。我在二〇二二年的春天寫下這段文字時，很多評論家預測巴西在右翼的雅伊爾・波索納洛（Jair

---

* 在華盛頓共識時期（一九八九—一九九九年），委內瑞拉的平均每人所得呈現停滯的狀態。在查維茲任內（一九九九—二〇一二年），平均每人所得每年成長了一・三%，至於代表所得不均程度的吉尼係數在兩個時期都差不多，約為〇・四五。這些數據的資料來源與第一六九頁的註腳相同。

△ 巴西的製造業在一九八〇年代晚期原本占了全國產出的三十%左右，但是在粉紅潮流退潮時已降到只超出十%一點點。

☆ 阿根廷的阿爾韋托・費爾南德斯（Alberto Fernández）在右派掌權一個任期後，於二〇一九年替左派奪回政權；玻利維亞的盧喬・阿爾塞（Luis Arce）在珍妮・艾尼茲（Jeanine Añez）被政變推上台、帶領短短一年的臨時政府後，於二〇二〇年贏得總統大選。

Bolsonaro）悽慘的任期以及前總統魯拉回歸政壇之後，粉紅潮流政黨將在巴西二〇二二年的總統大選中再次獲勝。

除此之外，在二〇一〇年代晚期和二〇二〇年代初期，一些之前沒有加入粉紅潮流的拉丁美洲國家也開始傾向左派。在墨西哥和秘魯，偏左的安德烈斯・曼努埃爾・羅培茲・歐布拉多（Andrés Manuel López Obrador）與佩德羅・卡斯蒂略（Pedro Castillo）分別在二〇一九年和二〇二一年就任總統。二〇二二年，古斯塔夫・裴卓（Gustavo Petro）成為哥倫比亞第一個左派總統。

這方面最重大的事件就是加夫列爾・博里奇（Gabriel Boric）的當選。三十五歲的博里奇過去曾是學運人士，代表左翼黨派的政黨聯盟「廣泛陣線」，贏得二〇二一年十二月的智利總統大選。自一九七三年的軍事政變以來，智利一直都是拉丁美洲乃至全世界的新自由主義先驅，並對柴契爾夫人和雷根在一九八〇年代的新自由政策（請見〈秋葵〉）十分期盼。所以，宣布「智利是新自由主義的誕生地，但也是它的墳墓！」的博里奇被選為智利總統時，就彷彿美國人投票禁絕可口可樂一樣，太荒謬了……。

在亞洲和非洲等其他開發中地區，抗拒華盛頓共識新自由主義政策的舉動就沒有這麼明顯了。

在亞洲，這主要是因為該地區的國家本來就不曾像拉丁美洲國家那樣嚴格遵循華盛頓共識的政策。亞洲的經濟表現大致上都不錯，因此相較之下，比較少國家需要大量借用華盛頓組織的制度，也就沒有那麼必要採納新自由主義的政策。此外，許多亞洲國家在經濟政策的意識形態沒有那麼強烈，所以就算採納新自由主義政策，那些政策通常也不會像在拉丁美洲那樣實踐得過於極端。

華盛頓共識的政策雖然讓非洲國家承受比拉丁美洲國家還多的痛苦*，

* 在撒哈拉以南的非洲國家，平均每人所得在一九六〇到一九七〇年代之間每年成長一．六%，但在一九八〇到二〇一八年間只有〇．三%。在拉丁美洲，兩個時期的成長率分別是三．一%和〇．八%。

可是非洲卻比拉丁美洲更難公然加以抗拒，因為它們更依賴華盛頓經濟組織的金援。雖然如此，過去十年左右，非洲大陸各地愈來愈發覺政府應該扮演更積極主動的角色，而不是像華盛頓共識建議的那麼消極被動[97]。

新自由主義的政策連在富國也成效不彰。這些國家的政府在前幾十年的「混合經濟」時期，比較積極主動地限制和規範市場力量——儘管新自由主義認為這些做法「較具侵略性」。然而，到了一九八〇年代的新自由主義時期，這些國家的成長速度變慢、不平等情況加遽，經濟危機也更為頻繁*。

然而，新自由主義政策為開發中國家造成特別災難性的後果，因為這些政策特別不適合它們的需求。其中最關鍵的地方在於，新自由主義正統派否認開發中國家若要發展經濟，有必要透過貿易保護、補貼、規範外國投資者以及其他政策支持，才有可能為自己的生產者創造成長空間，以獲得從事生產力更高的產業的能力（請見〈蝦子〉和〈香蕉〉）。更糟的是，在一九八〇和一九九〇年代，華盛頓經濟組織採用了被戲稱為「餅乾模」的方法，將同一套政策推薦給每一個國家，卻沒有考量各國經濟狀況和政治社會環境的差異。

儘管有少數像我一樣的人對可口可樂不是完全滿意，但可口可樂能夠持續享有成功，充分顯示了一個成功的產品必須讓顧客開心。華盛頓共識的套裝政策沒有讓它的顧客開心，因此雖然曾在開發中世界發揮巨大的影響力，也註定會消失在歷史的洪流之中。

＊請參考我先前的著作《資本主義沒告訴你的23件事》。

第四部

相互扶持

Living Together

裸麥

裸麥與鋼鐵聯盟，催生了福利國家

裸麥脆餅佐鯖魚和番茄莎莎醬／我的食譜

在裸麥脆餅上擺放烤鯖魚片和番茄莎莎醬（切末的巴西利、番茄、橄欖和辣椒，加上一點發酵鯷魚醬）

我在一九八〇年代中期決定到英國攻讀研究所的時候，包括我父母在內的大部分人都很疑惑（這只是婉轉的說法）。對當時的韓國人而言，出國留學指的就是去美國留學，根本不會去別的國家——這種觀念到現在還是差不多，只是沒那麼嚴重罷了。更何況，我要去的英國在那時被認為正在衰退，又跟韓國沒有任何歷史淵源——畢竟過往大英帝國虎視眈眈的目光看不上我的國家。

我想去英國念書，是因為我在韓國念學士學位時，對老師教授的狹隘又生硬的新古典經濟學感到幻滅。在當時，英國的經濟學系所提供的經濟學研究方法比美國還要多元，會教凱因斯、馬克思與其他學派，所以我覺得想要以較廣泛的方式研究經濟學，英國是比較好的選擇。可惜的是，現在英國也沒有這麼多元了。

當我這樣告訴經濟學者、老師和朋友時，他們大多認為我在自尋死路，經濟學家的生涯尚未展開就要結束了。由於跟不是經濟學家的人解釋這件事實在太複雜了，我便預先想了一個答案：我是推理小說迷，而最棒的推理小說都來自英國。這個答案讓大部分的人都不會繼續追問，雖然我看得出來他們覺得我是個怪人。

小時候，我是從亞瑟．柯南．道爾的福爾摩斯系列認識推理小說的。他的許多短篇小說讓我覺得情節非常巧妙，像是〈紅髮會〉，至於《四簽名》和《巴斯克維爾的獵犬》等小說的恐怖場景，則令我久久難忘。中學時期，我讀了超過一百部的經典推理小說，包括莫理斯．盧布朗（Maurice LeBlanc，他的亞森．羅蘋系列被改編成精彩機智的Netflix電視劇《亞森．羅蘋》）、艾勒里・昆恩（Ellery Queen）、喬治・西默農（Georges Simenon）、雷蒙・錢德勒（Raymond Chandler）、G・K・卻斯特頓（G. K. Chesterton）等人的作品。

不過，在我和許多人的眼中，這個文類毫無爭議的帝王是阿嘉莎・克莉絲蒂（Agatha Christie），她的著作賣了二十億本就是證明。多年來，我除了經典的解謎偵探小說之外，也愛上犯罪和間諜小說等更廣泛的文類，讀過約翰・勒卡雷（John Le Carré）、尤・奈斯博（Jo Nesbø）、安德烈亞・卡米萊里（Andrea Camilleri）和弗雷德・瓦格斯（Fred Vargas）等作家的作品，但是即使過了快半個世紀、重複讀過好幾遍，克莉絲蒂經典著作裡那些典範轉移的情節設計和敘事仍會觸動我的心弦，例如《ABC謀殺案》、《東方快車謀殺案》、《殺人一瞬間》、《一個都不放過》和《五隻小豬之歌》*。

我最喜歡的一本克莉絲蒂小說，便是《裸麥奇案》（*A Pocket Full of Rye*），主角馬普爾小姐是一名未婚女子，看似平凡無奇，卻有敏銳的觀察力、過人的才智和對人類心理的深刻認識，使她成為令人敬畏的偵探（雖然

我心目中的第一名還是高傲、極度理性卻具有同情心，並留有超酷八字鬍的比利時偵探赫丘勒．白羅）。故事本身很有才思，但是書名也引起我的興趣。克莉絲蒂的小說名稱很多都取自兒歌，而這部小說的書名則來自一首無厘頭的童謠〈六便士之歌〉（Sing a Song of Sixpence）。但令我好奇的是，韓文寫成「호밀」的裸麥到底是什麼？

「호밀」意思是「北方遊牧民族的麥子」，「밀」意為「麥」，「호」則指稱韓國人認為來自中亞、北亞遊牧民族的任何事物（有時候不是真的）。所以，這裡講的範圍包含歐亞大陸很大一塊區域，從滿州、蒙古、西藏到烏茲別克和土耳其。因此，我知道裸麥跟小麥類似，但我不知道它究竟是什麼，也沒吃過任何裸麥製成的食品。

來到英國後，我非得吃吃看裸麥不可，因為我一定要認識這種穀物，它可是被用於我最喜歡的偵探小說裡的關鍵情節裝置。Ryvita牌的裸麥脆餅是

＊這並不是她最出名的作品，但仍是我最喜歡的其中一部。我覺得這本書應該受到更多重視。

我嘗試的第一樣裸麥食品。我真的很喜歡裸麥微酸的堅果味，念研究所時常常在「熬夜苦讀」的時候把它當深夜零嘴來吃。除此之外，還有各式各樣的裸麥麵包。我覺得德國的那種粗黑麥麵包味道有點太過濃烈，但是味道較淡的種類倒是很喜歡，尤其是加了葛縷子的。之後，我造訪芬蘭時也愛上了裸麥脆餅，特別是混合松樹皮粉製成的那種，讓我感覺好像身處一座微寒的北方森林。芬蘭其實是歐洲最晚經歷飢荒的國家，時間是一八六六到一八六八年，而裸麥脆餅正是飢荒那時吃的食物。

裸麥源自今天的土耳其，但是後來慢慢演變成北歐飲食的象徵，因為這種堅忍不拔的穀物可以在嚴峻的北方氣候生長，而它較為嬌弱的近親小麥則沒辦法。俄國是吃最多裸麥的國家，而波蘭則是每人平均食用的裸麥最多，同時也是最大的裸麥出口國。然而，德國才是裸麥世界冠軍，生產全球最多的裸麥，產量比第二名的波蘭多出三十三％[98]。裸麥對德國是如此重要，連在該國的史學領域中也占有一席之地。

德意志統一後的首任總理奧托・馮・俾斯麥（Otto von Bismarck）成立了一個政治聯盟，結合了普魯士稱作容克階級的地主貴族，以及集中在西部萊茵蘭重工業區的新興資本家，所以這個聯盟便有了「鋼鐵與裸麥聯姻」的綽號。

雖然自一八七一年德意志統一以來，民族自由黨就是俾斯麥的長期盟友，但因為這個黨支持自由貿易，於是在一八七九年被他拋棄。俾斯麥新創立了一個保護主義權力集團，對萊茵蘭的鋼鐵等重工業提供關稅保護，讓這些工業與優越的英國生產者苦戰時能獲得一臂之力。為了讓政治勢力強大、生產裸麥的容克階級支持這項政策，俾斯麥也用關稅幫助他們，抵抗正要開始湧入歐洲市場的廉價美國穀物。當時，北美大草原就像一九七〇年代的美劇《草原小屋》（*Little House on the Prairie*）所描寫的那樣，有愈來愈多人拓居（請見〈秋葵〉），鐵路也發展起來，可以將穀物從大草原運到東岸的主要海港。

這個由鐵血宰相協調創立的裸麥與鋼鐵生產者聯盟將德國經濟帶到新的

高峰，讓新發展的鋼鐵、機械、化學等重工業可以在保護牆後方平安成長，最終追上領先的英國生產者，即便食物的價格比在農業自由貿易的情況下還要昂貴。由於德國成功工業化可以讓多數人得到更高的所得，所以食物價格變高其實不是那麼要緊。

俾斯麥為德國帶來的不只是重工業的發展，他還留下另一個影響更深遠的遺產，而且影響範圍遠不只限於德國——那就是福利國家。

很多人以為福利國家是美國新政民主黨派、英國工黨或北歐社會民主黨派等「進步」政治力量的產物，但是最先發明福利國家的其實是超級保守的俾斯麥。

在十八世紀，德意志曾分裂成約三百個政治實體；到了一八七一年，俾斯邁將僅剩的數十個政治實體加以統一後，便推行一種保護工人的保險制度，在工安意外發生時可以派上用場。雖然適用對象只包含特定工人，沒有全面普及，但這仍然是世界上第一個為勞工開辦的公共保險。

在一八七九年透過「鋼鐵與裸麥聯姻」鞏固自己的力量後，俾斯麥加速推動福利措施，在一八八三年推出公共健康保險、一八八九年建立公共退休金，兩者在世界上其他地方都是前所未見。一八八四年，他將先前的工安意外保險延伸給所有的工人。儘管就現代福利國家的另一個關鍵基礎「失業保險」來說，德國不是第一個推動的國家（這項殊榮要頒給法國），但是我們確實可以說，俾斯麥建立了史上第一個福利國家。*

俾斯麥會成立福利國家，並不是因為他是社會主義者——這是今天對福利國家支持者的常見稱呼。事實上，他可是出了名地反對社會主義。在一八七八到一八八八年間，他實施所謂的反社會主義法，大力限制社會民主黨的活動，只差沒有完全禁止這個黨派。但是，他清楚意識到，除非工人在面對工安意外、生老病死、失業等人生的劇變時能獲得保障，否則他們就會受到社會主義所吸引。換句話說，俾斯麥推動這些今天許多人認為屬於社會主義

* 德國在一九二七年推動失業保險，此時已有不少國家開辦這項福利，例如率先在一九〇五年開辦的法國。

的福利措施，目的是要防止社會主義壯大。

正是基於這個理由，許多社會主義者一開始反對福利國家，特別是在德國，因為他們把這視為「收買」工人的手段，讓工人無法用革命推翻資本主義再建立社會主義。然而，隨著時間過去，左翼運動的改革派漸漸勝過革命派，左派開始接受並積極推動福利國家，特別是在經濟大蕭條過後。二次世界大戰之後，歐洲國家甚至有許多中間偏右的黨派開始擁抱福利國家的概念，因為他們發覺，給予老百姓安全感是政治穩定的關鍵，尤其是在面對蘇聯集團系統化的競爭時。

社會福利不是贈品，而是團購

福利國家常受人誤解的不只有它的起源，就連它的本質也是。

福利國家最常被誤會的一點是，人們認為它的主要功能是給窮人「免費」的東西，像是所得援助、退休金、房屋補助、醫療、失業津貼等。人們認為，這些「免錢」的東西是由富人繳納的稅金支付的。福利制度被看作是窮人用來搭富人便車的工具，而英國也有「福利乞討者」這樣一個愈來愈常見的說法，它便是在譴責受領福利的人。

然而，這些福利並「不是免費」，每個人都有出錢。人們得到的福利很多都來自「社會安全保險費用」，這些費用是由大部分納稅人所繳納的，用於防範老年和失業等事件。另外，除非是住在「單一稅率」的國家，否則大多數人都要繳納所得稅，儘管愈窮的人所得稅占所得的比重愈低。

除此之外，即使最窮的那些人可以免除所得稅或社會安全保險費用，他們買東西時仍要繳納「間接稅」，例如加值稅、一般銷售稅、進口關稅等[99]。事實上，這些稅從比例上來說對窮人的負擔更重。以英國二〇一八年的數據為例來看，最窮的二十%家戶繳納的間接稅占了他們所得的二十七%，而最富有的二十%則只占了十四%左右[100]。

這樣一想，其實沒有人可以從福利國家得到「免費」的東西*。之所以看起來免費，是因為「取得的時候」是免費的。例如，在英國，因為有國民保健署提供的社會化醫療，人們去醫院看病不必每次都付錢。那是因為，他們已經透過稅金和社會安全保險費用付了看醫生的錢，而且他們未來還要繼續繳納。

福利國家應該看作是一套涵蓋任何人都可能遭逢的意外、由所有人共同購買的社會保險。它或許含有向下所得重分配的元素在裡面，但那不是它主要的功用（也或許沒有，這要看各國如何設計稅制和福利制度）。

福利國家的重點在於，身為公民和長期居民的我們透過團購的方式，以較低的價格獲得了同一套的保險。要說明這一點，最好的方法就是比較美國和其他富國的醫療費用，因為美國是唯一沒有普及公共健保的富國。

以國內生產毛額的比例來看，美國在醫療保健方面的花費至少比其他富裕程度差不多的國家多了四十%，最多可能高出二倍半：美國的花費占國內生產毛額的十七%，愛爾蘭為六．八%，瑞士為十二%[101]。儘管如此，美國在富裕國家之中的醫療紀錄卻最差，表示醫療在美國比在其他富國還要昂貴許多。這其中有很多原因△，但是有一個重要的原因是，美國的醫療體系十分零碎，無法像其他醫療體系較統一的國家那樣得到團購的好處。比方說，每間醫院（或醫療集團）都必須購買自己的醫藥和設備，不能透過國家系統購買，享受「大量購買」的折扣，而每家醫療保險公司都必須擁有自己的行政體制，沒有統一的體制可以讓它們享受「規模經濟」的好處；此外，它們以營利為目的，會收取較高的保費。有些人可能還對這個「集體節省成本」的論點感到懷疑，但是如果你曾經參加過酷朋這類團購活動，你其實已經接受了福利國家背後的理論。

---

* 除非是付給員工的薪水低於生活薪資的公司。這些公司利用避稅港，躲避自己應負擔的稅額，迫使員工不得不仰賴福利國家過活。

△ 例如，美國所得不均的程度較高，因此在比例上有更多人壓力較大、飲食較差。根據理查・威金森和凱特・皮凱特的知名著作《社會不平等》（*The Spirit Level*），較嚴重的不平等也會創造較大的「身分地位焦慮感」，對健康有不好的影響。更為強大的加工食品產業也讓美國人吃下較不健康的食物。美國城市建造的方式，創造出更多「食物沙漠」，使得人們較難取得平價又營養的食物。

資本主義在追求經濟動能時，無可避免會帶來不安全感，而福利國家已經成為最有效的因應方式。此外，如果設計得好，福利國家甚至可以讓資本主義經濟變得更有活力，因為它會減少人們對新科技和新工作模式的抗拒心理，北歐國家就是最好的例子（請見〈草莓〉）[102]。難怪即使新自由主義從一九八〇年代就不斷攻擊福利國家的概念，福利國家仍持續擴張成長*。

今天，富國的人民能夠過得安全繁榮，都要感謝謙卑、耐操的裸麥，雖然它常常被認為比更廣為人知的近親小麥還低等，但要是俾斯麥沒有保護普魯士地主生產的裸麥，他就無法創立那個政治聯盟，進而建立世界上第一個福利國家。

---

* 對福利國家支出更專業的說法是社會福利支出，包括窮人的所得援助、失業津貼、退休金、醫療和房屋補助。在一九三〇年，這筆支出通常只占今天那些富國國內生產毛額的一到二%，其中又以德國最高，占四．八%。到了一九八〇年，這些國家平均花費國內生產毛額的十五．四%在社會福利上。今天（二〇一〇—二〇一六年），這個數字變成二十．八%。

雞肉

我們只有雞肉餐，在蘇聯人人平等

哈里薩辣醬烤雞肉和蔬菜／我的食譜

將切塊的雞肉、茄子、櫛瓜和洋蔥使用哈里薩辣醬、橄欖油和鹽巴醃過，再進行燒烤

可憐的雞，沒有人認真看待牠們。我所知道的文化當中，沒有哪個會像印度人崇敬牛一樣崇敬這個動物，也沒有任何文化像穆斯林和猶太人貶低豬一樣貶低牠們。雞甚至沒有受到真正的厭惡。有的人不吃某些肉類，不是基於宗教或文化禁忌，而是純粹不喜歡：印度人可以吃豬肉，但是通常不會吃；很多韓國人完全不吃羊肉，雖然他們沒有那方面的飲食禁忌。可是，願意吃肉的人似乎都願意吃雞肉。

雞肉會如此廣受接納，部分原因可能是這種動物本身就沒有什麼特色，

既不像牛、馬或豬那樣身形龐大，也不像羊那樣頑強固執，牠就只是一種相對溫馴的小型禽鳥。但，主要原因肯定跟雞肉是個用途廣泛的蛋白質來源有關，而且味道相對平淡，烹煮容易。

沒錯，雞肉可以用各種想像得到的方式烹煮，包括：

油炸，像是美國南方炸雞、日式唐揚炸雞、韓式洋釀炸雞。

煎炒，例如中式、泰式以及其他許多數也數不清的異國料理。

燉煮，像是法式紅酒燉雞、北非的雞肉塔吉鍋。

烘烤，例如各種歐式烤雞或南亞的坦都里烤雞。

燒烤，像是馬來或泰式的雞肉沙嗲、非洲葡萄牙式的霹靂霹靂烤雞。

此外，還有牙買加辣雞那種燻烤方式，以及加了糯米和人蔘的韓式蔘雞湯、猶太雞湯等氽燙煮法，總之無所不能。我甚至曾在日本的一家餐廳吃過生雞肉，那裡的每一道菜都是用雞肉烹煮的。

基於這種通用萬能的特性，雞肉毫不意外地成為航空班機的首選，因為飛機餐必須在有限的空間裡迎合很多不一樣的飲食偏好和禁忌。在蘇聯時期，俄羅斯航空似乎把這項政策貫徹到底。

一九八〇年代晚期，我在劍橋念研究所時，一位印度友人都會搭乘俄羅斯航空，經由莫斯科飛回故鄉。這家航空公司在舒適度、準時性、機上人員的態度等各方面似乎都很糟，但很多印度人都會忍耐，因為他們的票價最便宜。朋友告訴我，飛機上唯一的餐飲選項就是蒼白、滿是雞皮疙瘩、食之無味的雞肉。某次搭乘俄羅斯航空的飛機時，我的朋友聽到另一位印度乘客問空服員有沒有雞肉以外的餐點可以選擇，因為他吃素。結果，空服員竟譏諷他：「不行，搭乘俄羅斯航空的每一個人都是平等的，這是一間社會主義的航空公司，沒有人可以享受特殊待遇。」

這位空服員的回答很極端，體現蘇聯的原則：人人都應受到平等對待，因為人人都有同等的價值。因此，不管你是政府官員、醫生、礦工或清潔員，每個人都會從集體補給品當中得到相同份量的麵包、糖、香腸、年度配給的一雙鞋子和其他所有的東西。沒有特殊待遇*。

這種看待平等和公平的方式有一個很嚴重的問題。

沒錯，身為人類的我們都有同樣的「基本需求」：乾淨的水源、安全的住所、營養的食物。從這個角度來看，社會主義的原則是對封建和資本社會的一個重要控訴，因為在這些社會中，有些人被活活餓死，有些人卻奢侈浪費。然而，一旦滿足了基本，我們的需求就開始快速分化，用同樣的方式對待所有人就會很有問題。

拿許多國家的主食麵包為例。每天給每個人同樣份量的麵包，在食物嚴重短缺時聽起來或許很公平，像是蘇聯在一九二八到一九三五年間實施農業集體化之後出現的短缺時期，或是英國在一九四六到一九四八年間的戰後短缺時期。可是，如果給的是發酵過的小麥麵包就不公平了，因為有些人就是不能吃這種麵包——可能他們有乳糜瀉，或者他們是正在過逾越節的猶太人。另一個例子是，把公共場所的男廁和女廁蓋得一樣大，聽起來好像很公平，因為世界上大約有一半的人是男性，一半的人是女性。但是，這其實很不公平，因為女性如廁需要較多的時間和空間，所以電影院、音樂廳和其他場所的公共女廁外才會經常大排長龍。

簡言之，用同樣的方式對待不同需求的人——給吃素的人雞肉、給乳糜瀉的人吃小麥麵包、把女廁和男廁的大小建得一樣——從根本上來說是不公平的。跟那位俄羅斯航空的空服員所想的不一樣，用不同的方式對待需求不同的人並不是特殊待遇。反之，這是追求公平最重要的條件之一。提供素食的飛機餐、供應無麩質的麵包、把女廁蓋得比較大，不是在偏袒素食主義者、乳糜瀉患者或女性，而是讓他們在滿足基本需求時，跟別人有一樣的立足點。

＊這只是理論，實際上的做法很不一樣。雖然跟資本主義國家相比，差異算小，但不同人之間仍有很大的給付差異。政治菁英其實也有獲得特殊待遇，像是較好的房屋、可以進入商品品質較好（很多是進口的）的特殊商店，或是有機會到資本主義國家旅行，然後在當地做很多事，例如購買自己國家一般人民買不到的奢侈品等。

有趣的是，跟社會主義者相反的自由市場經濟學家，在平等和公平這件事情上也有同樣偏狹的看法，只是偏狹的點完全不同。

自由市場經濟學家認為，社會主義體制行不通，因為它試圖要給予每個人差不多的東西，以減少不平等的情況，卻沒考慮到每個人對經濟付出的貢獻有相當大的差異。然而，除了毛澤東時期的中國和紅色高棉統治下的柬埔寨等極端案例，每個人得到的從來就不可能「一模一樣」。

自由市場提倡者指出，發明家、投資銀行家、腦部外科醫生和演藝人員等人都對經濟做出很大的貢獻。至於其他人，雖然大部分都很能幹，但也有一些人只適合做最基本的工作。他們認為，在這樣的情況下，為了減少不平等而支付差異不大的薪水給所有人，會帶來很嚴重的問題。這不僅對比較能幹的人來說不公平，因為他們得到的獎勵比他們做出的貢獻還少，有時候還少很多；這會讓社會的生產力下降，因為比較能幹的人會比較沒有動力努力工作、投資和創新。自由市場經濟學家相信，這只會讓平等變成貧窮。

因此，這些經濟學家堅稱我們應該讓每個人發揮全力互相競爭，然後接受競爭的結果，即使這樣會讓所得分配在某些人眼裡看起來過於不平等。他們說，這是最具生產力也最公平的制度了：之所以最具生產力，是因為每個人都有最大的動力讓產值最大化；之所以最公平，是因為他們可以根據自己對經濟的貢獻獲得相應的獎賞。

公平，只看結果或機會都不夠

根據每個人的貢獻來給予相對應的報酬，這樣的原則若要成立，必須具備一個重要的先決條件，那就是每個人都有機會嘗試對他們來說最好的工作，意即機會平等。

這可不是一個無關緊要的條件。過去，很多社會都曾因為階級、性別、種族和宗教等理由限制人們的教育和職業選擇（請見〈橡實〉）。牛津大學和劍橋大學在一八七一年以前不接受天主教徒、猶太人和貴格派等非英國國教徒入學，而且分別在一九二〇年和一九四八年才授予女性學位*。南非實施種族隔離政策時期，黑人和有色人種（種族隔離時期針對有著混合種族背景者的稱呼）被迫就讀經費嚴重不足且擁擠的非白人大學，讓他們幾乎不可能找到像樣的工作。

今天，這些官方歧視政策大部分都廢除了，可是沒有一個國家實現真正的機會平等。女性在職場上沒有得到跟男性一樣的機會，不是基於「女性較不會把工作排序放在家庭之前」這樣的性別歧視觀點，就是錯誤地貶低女性天生就比男性低等。在所有種族多元的社會裡，教育體系、就業市場和職場仍充斥著種族歧視的現象，來自主流族群但能力較差的人，比來自弱勢族群但能力較強的人還要更有機會。

有一部分的歧視甚至可能是自己加諸在自己身上的。在許多社會中，有些科目普遍被認為很「陽剛」，像是科學、工程學和經濟學，因此許多聰明的年輕女性會「自動」不去攻讀那些科目，即使她們的性向相當適合學習這些科目△。在一九八〇年代初期的南韓，我念的經濟學學士班共有三百六十人左右，卻只有六位女性，而總人數超過一千兩百人的工程學院更只有十一位女性☆。

官方沒有規定女性不能攻讀工程學或經濟學，可是許多聰明的女性都選擇讀英國文學或心理學等比較「陰柔」的科目，因為她們經過了社會化，認為這些比較適合她們◎。換句話說，假如有些人因為性別、宗教和種族等無關於能力的特質，被正式或非正式地排除在競爭之外，無法爭取最好的教育

＊非英國國教徒在一八七一年之後才獲准就讀牛津、劍橋和杜倫大學。女性從十九世紀晚期就能念牛津和劍橋大學，但是牛津要到一九二〇年、劍橋要到一九四八年才授予女性學位。

△不過，不同國家可能有滿大的差異。工程學雖然是最多男性就讀的科目之一，但是在賽普勒斯，有五十％的工程學畢業生為女性，在丹麥和俄國則分別是三十六％和三十八％；然而，在韓國和日本，這個數字只有五到十％。以上數據來自聯合國教科文組織。

☆我很開心，在我以前的大學，就讀經濟學的女性比例現在已經超過三十％，接近四十％，就連工程學院的比例也升到十五％左右。這雖然還不夠好，但已經比四十年前好很多了。

◎強調「自我審查」並不表示這些選擇完全是因為女性自己「內化」了性別偏見的社會規範，這甚至不見得是主因。有一些女性選擇不攻讀「陽剛」的科系，可能是因為被父母否決，也有一些女性可能是因為害怕不被親朋好友認同。我要謝謝佩德羅．曼德斯．羅瑞洛（Pedro Mendes Loureiro）指出這點。

和工作，那麼競爭的結果就不能說是最具有生產力或最公平的。機會平等是不可或缺的一環。

現在，假設我們未來（希望不是太遠的未來）真的讓每個人都有平等的競爭機會，我們也假定人人都遵守相同的規則——現實中，規則常常有弊病，想想美國大學的「遺贈」學生就知道，他們因為父母或祖父母曾經念過自己要申請的大學而有入學優勢。這樣的話，我們難道就該接受社會可能存在的任何不平等，因為大家都已根據相同的規則，在相同的競賽中擁有相同的機會競爭？

很遺憾，即便如此，我們也不能這樣說。

這是因為，就算每個人都有相同的機會可以在相同的規則下競爭，也不表示這真的是公平競爭。假如每個人都在同一個起跑點，可是有些選手只有一隻腳或瞎了一隻眼，我們也不會說這場比賽是公平的*。同樣地，在現實生活中，每個人理論上都有同樣的機會可以嘗試自己喜歡的工作，也不表示競爭就是公平的，因為有的競爭者可能缺少最低限度的必要能力：有些人可能因為童年營養不良而腦部發育遲緩，有些人則可能因為在教育經費低於平均值的地區成長，只得到了次等的教育。換句話說，除非社會上的每一個成員都擁有最低限度的必要能力，可以好好運用機會，否則機會平等就沒有什麼意義。

因此，如果我們想讓人生的競賽真正公平，就必須確保所有的孩子在參賽前發展出最低限度的能力。要做到這點，所有孩童都必須得到適當的營養、醫療、教育和玩樂時間（人們愈來愈體認到這對兒童發展的重要性）。這就表示，父母、親戚、監護人等孩童養育者的處境不能差異太大。也就是

＊沒錯，在現實生活的運動賽事中，我們極度看重潛在選手能力的差異，會做各種事來創造真正公平的比賽。我們不但有身障奧運，還有分男女、年齡和體重。其中，像拳擊、摔角、跆拳道和舉重等根據體重分級的體育競賽，對於什麼才是公平的比賽有特別嚴格的看法。例如，在比較輕量級的拳擊比賽中，一．五到二公斤就是一個等級。也就是說，假如一個選手比另一個選手重個幾公斤，我們就認為讓這兩個人比賽是非常不公平的事，他們不應該在同一場比賽中打鬥。

說，除非我們能做到像赫胥黎在《美麗新世界》所寫的那種程度，或者像今天的北韓一樣在集體托兒所養育孩童（雖然我聽說，就連在北韓，政治菁英也有比較好的托兒所可以使用）。總而言之，光是機會平等並不足夠，我們還需要讓結果變得更平等。

想要達成較高程度的結果平等，透過規範市場將有可能做得到。有些規範可以保護經濟方面較弱勢的一方。例如，瑞士和南韓便透過限制農產品進口、限制大型零售商來保護小農和小店，藉此降低所得不均的情形。金融規範和勞動市場規範也可以減少不平等的情形，像是限制高利潤但高風險的投機活動、強制實施像樣的最低薪資、提高病假工資等。然而，從高度平等的歐洲福利國家的情形可看出，經由福利國家重新分配，可以更有效地讓結果更為平等，像是透過直接的所得移轉，或是保證人人都能取得有品質的基本服務，例如教育、醫療和水（請見〈裸麥〉）。

關於平等的爭辯一直以來都弄錯方向了，因為人們只想到結果和機會，卻忽略了需求和能力。左派認為讓每個人獲得平等的結果才比較公平，卻忽略不同的人有不同的需求和能力；右派認為相信機會平等就夠了，卻沒想到每個人需要一定的能力平等，競爭才會真正公平，而父母那一輩需要透過所得重分配、有品質的基本服務和市場規範來實現一定的結果平等，才能確保子女的能力平等。

我們不想搭乘認定給素食者雞肉餐才叫公平的航空公司。然而，我們也不想搭乘提供各式各樣餐點——也許不只有一種雞肉餐——迎合不同的口味與需求，票價卻鮮少有人負擔得起的航空公司。

辣椒

照護工作與川菜辣椒，竟有共通點？

辣椒泡菜／韓國，我岳母的食譜

使用紅辣椒粉、蒜末和魚醬（韓式發酵鯷魚醬）醃漬的綠辣椒

很多人害怕辣椒的辣味，這可以理解。對不習慣吃辣椒的人來說，那著火般的味道可能引起各種不適，例如嘴巴會辣辣的、眼睛快要流淚、冒汗，有人甚至會胃痛。然而，對於來自「辣椒帶」*的人而言，吃東西沒嚐到辣椒帶來的嗆勁實在叫人難以想像。

辣椒的辣其實不是一種味道，而是一種疼痛感，是辣椒植株的漿果——沒錯，辣椒屬於漿果，請見〈草莓〉——施展的化學騙術，極其高深複雜。辣椒辣味的主要來源「辣椒素」雖會引起燒灼感（尤其是對細胞膜），實際

上卻不會造成直接的組織傷害，只是讓大腦以為我們的身體遭受了這樣的傷害。這背後的作用機制是，辣椒素會附著在「讓身體偵測到極端溫度、酸性或腐蝕性物質或者任何磨損或摩擦」的感覺受器上[103]。

辣椒辣度是個很重要的議題，因此甚至有人發明專門測定辣度的指標，稱作史高維爾指標——以一九一二年想出這個點子的美國藥劑師威爾伯・史高維爾（Wilbur Scoville）命名。這個指標測量辣度的方法是，將乾燥樣品溶於酒精，提取出使辣椒產生辣味的辣椒素類物質，再用糖水稀釋，讓五位品測者試試看能不能嚐到辣味[104]。根據這個系統，假如將一單位的特定種類辣椒加入一萬單位的水稀釋之後，達到五分之三的多數品測者都察覺不到辣味，該辣椒的史高維爾辣度單位（Scoville Heat Unit，簡稱SHU）就是

* 「辣椒帶」是我個人使用的詞彙，指的是從墨西哥、祕魯、加勒比海盆地、北非、南亞、東南亞、中國到韓國等地連成的一條線。辣椒的英文「chili」正是來自墨西哥。

一萬*。

在飲食比較清淡的國家，有些以辣椒帶的食物為主軸的餐廳會自行使用一種不如史高維爾指標有鑑別力、相對較憑直覺的辣度指標，幫助顧客躲開辣椒帶來的不適，就是在菜單上的每道菜旁邊畫上零到兩根或三根的辣椒，以表示辣度。

我在二〇〇〇年代初期跟朋友、同時也是知名的國家發展運動提倡者鄧肯．格林（Duncan Green）△造訪倫敦的一家四川餐廳時，發現這間餐廳運用了更為複雜的辣度指標，辣椒符號從零到五根都有。大部分的四川菜都會加入某種形式的辣椒，包含新鮮的、乾燥的、磨粉的、醃製的，或是辣豆瓣醬和辣油[105]，所以這間餐廳肯定是覺得，比起常見的兩根或三根辣椒，有必要分得更細，才能好好區隔不同菜餚的辣度。

身為一個正港的韓國人，我很想點看看辣度有五根辣椒的菜色，但是我忍住了，只點了比較少根辣椒的菜，因為鄧肯沒辦法吃太辣的食物。鄧肯雖然很興奮地想要挑戰各種辛辣菜餚，最後還是點了一道沒有辣椒的菜以防萬一。我也認為這樣做很聰明，畢竟如果最糟的狀況發生了，他覺得其他菜色都太辣，那麼至少還有一道菜可以享用。

可是，食物送上來後，鄧肯的臉垮了下來。他的「不辣」菜餚裡面竟然有五六根小指頭大小的乾辣椒。他困惑不已，詢問服務生是不是有哪裡出錯。服務生說菜沒有做錯，但是鄧肯說，他點的是沒有任何辣椒的菜。服務生又解釋，沒有辣椒圖案的菜色不代表裡面沒有加辣椒。她就像老師遇到腦袋特別不靈光的孩子，試圖解釋某個概念似地耐心說明：辣椒圖案只是表示

---

* 甜椒的辣度不到一百 SHU；青陽辣椒這種較辣的韓國辣椒則介於一萬到二萬五千 SHU；泰國鳥眼辣椒介於五萬到十萬 SHU；哈瓦那辣椒依品種不同，介於十萬到七十五萬 SHU；卡羅萊納死神辣椒中最辣的品種，辣度高達兩百二十萬，被金氏世界紀錄列為世界上最辣的辣椒。

△ 鄧肯也是「社會改革的科學」這門新興領域的先驅，請參考他的著作《從貧窮到力量：活躍的公民和有效率的國家如何改變世界》（暫譯：*From Poverty to Power: How Active Citizens and Effective States Can Change the World*）和《改變如何發生》（暫譯：*How Change Happens*）。

菜餚的相對辣度，不是表示辣椒的含量。

可憐的鄧肯只好接受自己的命運，一一挑出菜裡面的辣椒。然而，有一部分的辣椒素已經跑到食物裡，他吃起來還是有點太辣。了不起的是，其他菜他也都有嘗試，而且還滿喜歡的，只是吃得一把汗水一把眼淚。

這個故事有個快樂的結局，鄧肯漸漸喜歡上辣椒的味道，後來還多次回去光顧，而那間餐廳也變成他最喜歡的其中一間餐廳。

一件事物如果無所不在，就會被視為理所當然；一件事物如果被視為理所當然，就不會被算進去，就像故事中那間四川餐廳的辣椒一樣。在經濟學領域中，這個概念最棒的例子就是家中或社區裡沒有支薪的照護工作。

國內生產毛額（或稱GDP）是最多人用來衡量經濟產出的方式，但是只有在市場上交易的東西才會算進去[106]。跟經濟學的其他測量指標一樣，國內生產毛額也有缺點，但它最大的問題是以非常「資本主義」的觀點為基礎，認為既然不同人對同一個事物的價值有不同看法，那麼要判定一樣東西對社會有多少價值的唯一方法，就是看它在市場上的價格是多少。

這種只計算市場交易活動的做法漏掉了很多經濟活動。在開發中國家，有很大一部分的農業產出沒有被算進去，因為很多鄉村人口至少會吃掉一部分自己生產的農產品。由於這部分的農業產出沒有在市場上買賣，就沒有計入國內生產毛額的數據裡。在富國和開發中國家，產出的計算方式都是以市場為基礎，因此全國產出不會計入家庭或社區的未支薪照護工作，這些包括：生小孩、養小孩、幫孩子輔導課業、照顧年長者和身障者、煮飯、打掃、洗衣和管理家務，也就是美國社會學家艾莉森・達明澤（Allison Daminger）所說的「認知勞動」（cognitive labor）[107]。這些活動若以市價估算，可能占國內生產毛額的三十到四十％，但是卻沒有被計算在內[108]。

做一個簡單的思想實驗，你就可以看出因為沒有經過市場交易而不計算照護工作有多麼可笑*。假如兩位母親互換小孩，照顧對方的孩子，並以相

* 這個思想實驗不是我發明的，但是我已想不起來當初是在哪裡看到的。

同的當前行情價付錢給對方，使兩人的財務都不會受到任何影響，則國內生產毛額會增加，但是養育孩童的照護工作量卻不變*。從概念上來說，人類社會少了這些活動就沒辦法存在，而存在於社會裡的經濟更是如此，因此不計入這些活動是非常有問題的。

由於未支薪的照護工作絕大多數都是由女性完成，不把這些工作算進去，就會大大貶低女性對經濟及社會的貢獻。這種家務的「隱形」特性從「職業婦女」（working mother）一詞可以明顯看出，彷彿沒有職業的婦女就沒有在「工作」似的。這更加強化了女性在家什麼也沒做的性別偏見，可是實際上，針對家庭的照護工作所付出的心力，往往比男性伴侶在有薪工作中所付出的心力還要多上許多。我們應該把「職業婦女」這個詞改成「有薪婦女」，並在社會上給予未支薪的照護工作完全的認同。

低估照護工作不只跟社會認同有關，也會為女性造成物質方面的影響。女性比男性更常承擔生養小孩和照顧生病或年邁親屬的角色，所以花在有薪工作的時間比男性少。由於一個人在國家發放的基本額度之外，能領取多少退休金是跟薪資有關，假設其他方面都相同，女性累積的退休金將無法跟男性一樣多。結果就是，奉獻時間從事無薪照護工作的女性，落入老年窮困的機率會大大增加。雖然有些歐洲國家採取了「照顧扣抵」的措施，計入照顧孩童和年長者的時間，但也只有部分改善這個問題，還無法完全解決[109]。

除了未支薪的照護工作受到低估，有支薪的照護工作也面臨同樣問題（跟這類工作對社會的貢獻相比），這在新冠肺炎疫情大流行的期間就能看得出來△。

疫情期間，許多國家發現，有些人的工作就像在家中或社區裡完成的未支薪照護工作一樣，少了這些工作，我們的社會就不可能存在。這些工作包

＊更棒的是，這兩位母親可以付給對方更多錢，這樣國內生產毛額就會增加更多。

△世界衛生組織在二〇二〇年一月三十日宣布新冠肺炎為國際關注公共衛生緊急事件，後於二〇二〇年三月十一日宣布疫情升級到「大流行」等級。

括：有支薪的照護工作，像是醫生、護理師、救護車司機等專業醫療，以及育兒、照顧長者、教書等，還有本身稱不上是照護工作，但是對社會的存續和革新（稱作「社會再製」）非常必要的事務；食物和其他必需品的生產；超市員工、物流人員對這些物品的發配；公共運輸相關工作；打掃、修繕建築物和基礎設施的工作等等。從事這些職業的人在英國被列為「關鍵勞工」，在美國被列為「必要員工」，他們在基本購物和子女教育等方面享有「優待」*，甚至被擁護為英雄。

有個重點來了：除了醫生之外，從事這些「必要」工作的人薪水幾乎都很差。這是很矛盾的事情，因為如果這些活動是必要的，從事這些活動的人從定義上來說，不是應該得到最好的薪水嗎？

有市場交易的照護工作被低估，其中一個原因就跟未支薪照護工作受到忽視的理由一樣，那就是根深蒂固的性別歧視。基於一個章節講不完的眾多理由，女性——尤其是有色人種和移民的女性——在看護、保母、養老院員工和居家服務人員等低薪照護工作中占的比例特別高[110]。這些女性勞工的薪水不僅低於從事類似工作的男性同業，在以男性為主的職業中，也比能力相當的男性從業者還低很多。換句話說，女性的工作就算有支薪，並計入國內生產毛額，依然會遭到低估。

這個矛盾的現象背後還有另一個更重要的原因，那就是我們生活在資本主義的經濟環境中，商品和服務的價值是由市場決定。這個問題的關鍵在於，市場是以「一元一票」而非「一人一票」的決策體系為基礎（請見〈大蒜〉和〈萊姆〉）。在這個體系中，決定價格的因素是人們願意付多少錢購買一樣東西，而不是有多少人需要這樣東西。無論一樣東西對某些人的生存有多麼必要，這些人如果買不起，就不會被市場納入考量。

這就表示，基本飲食、醫療、教育或居家看護等必要的商品和服務很多都被低估了。反之，無論一樣東西從常識來看有多不重要，只要有人願意

＊在購物方面，英國的關鍵勞工可以在超市開門前進去購物，或在基本的食物和家庭用品短缺時優先取得物資；在教育方面，即使學校對一般人停課，他們還是可以送小孩去上學。

買，市場就會供應。因此，新冠肺炎疫情期間才會出現這種荒謬的情況——億萬富翁從事「太空競賽」的同時，許多醫療人員因為沒有得到適當的個人保護裝備而生病，病患因為醫療人員和設備短缺而病逝，住在養老院的長者則因為沒有得到適當的照顧而染疫*。

照護工作的價值，別讓市場說了算

這樣的性別偏見和隨之而來的性別歧視，再加上市場替某樣東西估價的方式，導致有支薪的照護工作也被大大貶低。這兩點結合起來，讓我們輕則嚴重貶低、重則完全忽視許多極為必要的人類活動，使得我們對於什麼才是對人類福祉真正重要的事物，產生完全偏頗的看法。

為了改善這個局面，我們必須改變我們對於照護工作的觀念、做法和制度[111]。

首先是觀念的部分。我們必須體認到有支薪和未支薪的照護工作對人類存續與福祉的重要性，或者應該說是其必要的本質。我們不能再認為事物的價值應該由市場決定。此外，我們也不能再認為照護工作是女性的工作。

第二，改變觀念後，我們要改變做法，縮小兩性在薪資方面的差異△，並把傳統以男性為主的職業開放給更多女性，同時對抗種族歧視，避免這樣薪水不佳的照護工作變成弱勢族群女性唯一的工作選擇。

第三，觀念和做法都改變後，必須透過制度層面的改革進一步加以鞏

＊為了避免讀者對市場產生過於負面的觀感，且讓我說說它的優點。有兩個優點特別顯著：第一，一個複雜經濟體的運作必須仰賴海量的資訊，而市場機制讓我們得以匯集、處理這些資訊；社會主義的中央計畫沒有成功，便證實了這個優點；第二，市場因為提供獎勵給想出好點子服務消費者的人，創造了提高生產力的動機。然而，這些優點必須搭配市場的侷限一起思考——本書在各個章節已經討論過許多層面。

△全球的兩性薪資差異平均約為二十％，雖然在不同國家可能變化很大，像是在巴基斯坦、獅子山之類的地方高達四十五％，在泰國則低到零，在菲律賓和巴拿馬等國家，薪資差距甚至是負數。以上數據來自國際勞工組織在二〇二〇年六月發行的《瞭解性別薪資差異》（暫譯：*Understanding the Gender Pay Gap*）。

固*。要體認未支薪照護工作的重要性，就應該正式改變福利體制，給予兩性更長的有薪照顧假，以利照顧孩童、年長者或生病的親友；為全職父母和有薪父母提供負擔得起的育兒服務；計算退休金時引進或加強「照顧扣抵」制度。要認可支薪照護工作的重要性，應該提高最低薪資，並透過立法讓照護職業有更好的工作條件。更廣泛來說，照護服務的市場化應該加以限制、小心規範，這樣無論所得高低，任何人都能取得基本的照護服務。

世界上有好幾十億人無法想像沒加辣椒的食物吃起來是什麼味道；對世界上所有人而言，不論照護工作有無支薪，沒有這些工作的生活也都是難以想像的。然而，這些事物正是因為不可或缺、無所不在，才會受到忽視，進而遭到低估、甚至失去價值。

鄧肯接受了我故事裡的四川餐廳對辣椒持有的不同觀點，並願意改變飲食習慣，使他在飲食方面開啟新的視野，帶來更美好的飲食生活。同樣地，我們必須改變我們對照護工作的觀念、做法和制度，方能創造更平衡、更滋養、更公平的美好世界。

＊英國國民保健署的員工待遇最能證實制度改變的重要性。在二〇二〇年疫情剛爆發時，數百萬名英國人把國民保健署的員工奉為「英雄」，每個星期會在特定時間走到庭院或街道上鼓掌謝謝他們。這個做法維持了十週，稱作「為護理人員鼓掌」。但，在二〇二一年三月的薪資協議中，英國政府只提供一％的調薪，讓許多國民保健署的員工認為是「狠狠打了他們一巴掌」。雖然這樣說真的是老掉牙了，可是如果希望造成永久的改變，光是觀念和個人作為改變並不足夠。為了改善國民保健署員工的薪資而發起的運動便喊出這樣的口號：「鼓掌不會生錢。」真正的改變要靠制度的改變來支持。

第五部

思考未來

Thinking About the Future

• • •

萊姆

氣候變遷，學學英國海軍的萊姆配給

卡琵莉亞；卡琵洛斯卡／巴西
以卡沙夏甘蔗酒或伏特加為基酒，加上萊姆汁和糖調和而成的雞尾酒

大英帝國曾是史上人口最多的帝國，在一九三八年有五億三千一百萬人[112]；它也曾是面積最大的帝國，一九二二年涵蓋三千四百萬平方公里[113]。它會那麼成功（當然，這是英國人的看法）是由許多因素所促成。英國在工業上的優越地位自然是一大關鍵。其次，帝國政府運用著名的分治技巧，只靠多由各地傭兵組成的小型軍隊就能治理殖民地，控制比英國本島人口多十倍以上的人民[114]。然而，最直接的因素其實是它透過優秀的海軍掌控海洋的能力，讓如此龐大分散的帝國成為可能。愛國歌曲〈統治吧，不列顛尼亞〉

便有一句歌詞是：「不列顛尼亞*統治大海。」

從十六世紀開始，英國便跟西班牙、荷蘭和法國爭奪歐洲的海上霸權，後來更擴及全球。其後的幾個世紀，英國投注大量心力打造一支裝備精良、供給充足、管理得當的海軍[115]。在一八〇五年的特拉法加海戰，皇家海軍在海軍上將霍雷肖．納爾遜（Horatio Nelson）的統率下，擊敗法國和西班牙海軍的聯合艦隊，在接下來的一百多年間確立了英國的全球海洋霸權。

英國有這麼強大的海軍，又是一座島嶼，根本無人入侵得了。由於沒有外患入侵，這個國家得以把相對小型又省錢的陸軍幾乎完全用在維持國內治安，鎮壓為了反抗其惡名昭彰的不平等社經體制而時有發生的內亂[116]。最重要的是，這支強大的海軍能夠幫助帝國擴張，占領遙遠的國度、擊退覬覦帝國新占領土地的敵對勢力，並保護從事殖民貿易的商船不會受到海盜侵擾[117]。

* 一個戴著頭盔、手持三叉戟的女戰士是英國的代表形象。

在英國海軍崛起的過程中，有一種小小的廉價水果扮演了極其關鍵的角色，它就是萊姆。

歐洲人剛開始在十五世紀晚期駕駛帆船跨洋遠航時，害死水手的最大主因不是敵船，不是海盜，也不是暴風雨，而是壞血病。這種可怕的疾病會使人嗜睡、牙齦腫脹流血、牙齒鬆動、關節劇痛，也常導致死亡。

我們現在知道，壞血病是體內缺乏維生素C所引起，但是在二十世紀以前，其成因始終是個謎團。人類跟大部分的動物不同，無法自行合成維生素C，所以必須口服攝取[118]。跨洋航行的水手因為連續幾個月只吃臭掉的鹽醃肉品、長蛆的餅乾（稱作「壓縮餅乾」）和不新鮮的啤酒，所以會得到壞血病，死亡率非常高*。壞血病實在太常發生，據說船公司和各國政府預估從事任何長途旅程的水手有五十%會死於這種病[119]。從哥倫布的跨大西洋旅程到十九世紀中葉，壞血病估計奪走了世界各地超過兩百萬名水手的性命[120]。

於是，人們自然是瘋狂地尋找壞血病的解藥，並嘗試了各種療法，包括醋和硫酸。漸漸地，大家發現柑橘類水果的果汁非常有效，雖然在二十世紀之前，人們並不曉得有效成分是維生素C。由於尋找壞血病的解藥對日後發現維生素C很重要，維生素C在科學上的另一個名稱又叫抗壞血酸。

雖然其他國家的海軍也知道柑橘類果汁能夠有效對抗壞血病，但是英國皇家海軍卻最先從制度上應用這個解藥[121]。在一七九五年，海軍部強制在水手的飲食裡加入檸檬汁，為了確保水手喝下去，巧妙地把檸檬汁混在稱作「格羅格酒」的稀釋蘭姆酒中。不久，萊姆取代了檸檬，部分原因是萊姆比較便宜，也比較容易供應——這是因為，不像檸檬，英國位於加勒比海的殖民地就有種植萊姆。但，主要原因還是萊姆比檸檬酸，而當時的人誤以為壞血病是被「酸性」治好的，而不是維生素C（萊姆的維生素C含量只有檸檬的一半左右）。

這個措施實施了十年左右，皇家海軍完全沒有再出現壞血病的病例[122]。

＊人體貯存的維生素C至少可維持一個月，通常長達三個月，因此壞血病在跨洋旅程出現之前並不是個大問題。

皇家海軍喝萊姆汁的習慣太有名了，以至於美國人都稱呼英國海軍水手為「萊姆哥」。後來，這個綽號在美國被用來指稱所有的英國人。

萊姆在巴西也是國族身分認同的象徵，因為它是國民酒精飲料卡琵莉亞的關鍵食材。卡琵莉亞是用萊姆汁、糖和巴西的國民烈酒卡沙夏甘蔗酒所做成，不過也有人會使用百香果等其他水果的果汁*。

卡沙夏甘蔗酒是以發酵甘蔗汁蒸餾而成，所以卡琵莉亞其實是糖加糖再加萊姆。倘若蒸餾程度很高，甘蔗汁會變成乙醇，可以用來做為汽車燃料。巴西是世界上最大的甘蔗生產國，從二十世紀初就開始實驗使用乙醇當作汽車燃料△。但，自從經濟大蕭條和第二次世界大戰造成國際貿易崩潰之後，進口石油變得困難，巴西政府便開始認真推動乙醇燃料，強制在汽油裡混入五%的乙醇，並贊助乙醇產業。二次世界大戰之後，乙醇的使用因為石油變便宜而衰退，但是在一九七三年的第一次石油危機後，巴西政府又推動一個具有野心的計畫，提倡以乙醇代替石油。

巴西在一九七五年推動的國家乙醇計畫（Proálcool）補助投資乙醇產能的蔗糖生產者，也以補貼壓低加油站的乙醇價格[123]。在一九七〇年代晚期，飛雅特和福斯等在巴西營運的汽車製造商甚至研發出只靠乙醇就能運轉的引擎。到了一九八五年，在巴西販售的新車有九十六％擁有全乙醇引擎。從那時起，這項計畫受到油價、蔗糖生產和政府補助的波動所影響，經歷許多起伏。直到福斯在二〇〇三年推出了可以靠任何比例的汽油和乙醇混合物發動的「靈活燃料」汽車，其他製造商也紛紛跟進，才終於確立了乙醇在巴西做為主要能源的地位。

今天，乙醇占巴西每年能源產值的十五％。難怪美國歷史學家珍妮佛・艾格林（Jennifer Eaglin）會把自己的巴西乙醇燃料史研究命名為「比卡沙

＊使用伏特加調成的卡琵莉亞叫做卡琵洛斯卡。我個人比較喜歡卡琵洛斯卡，因為我覺得卡沙夏甘蔗酒有點太甜了。

△在一九〇八年推出的「福特T型車」是第一款大規模量產的汽車，它也仰賴汽油和乙醇的混合物提供動力。

夏更能代表巴西」[124]。

在巴西以外的地方，乙醇和使用菜籽油、黃豆油或動物脂肪製成的其他現代生質燃料，在過去幾十年才真正進入能源體系*。面對愈來愈嚴峻的氣候變遷議題，現在有數十個國家都要求在汽油和柴油裡添加乙醇和生質柴油，希望減少化石燃料的使用。

我們的世界已開始經歷極地冰塊融化、海平面上升以及物種大規模滅絕等狀況，熱浪、氣旋、水災、野火等極端氣候事件的強度和頻率也增加了。科學界有個共識，若不趕快大幅減少二氧化碳、甲烷、氧化亞氮等溫室氣體的排放，藉此控制住全球氣溫上升的狀況，人類將在接下來幾十年內面臨生存威脅。

首先，我們需要新科技，很多的新科技。

第一，我們需要替代能源的科技，讓我們產生能源的時候不會排放溫室氣體，如生質燃料、太陽能、風力、波浪能、水力發電、氫燃料，甚至是核能，做為在某些情況下防止能源中斷的措施[125]。捕捉排放出來的碳再加以利用或掩埋，也可以發揮部分影響△。我們需要更有效地貯存電力，這樣才能持續使用供電狀況不穩定的太陽能和風能。

我們不只需要新的能源科技，因為化石燃料不只做為能源使用，還用來製造現代工業生活型態的某些關鍵材料，如鋼鐵、肥料、水泥和塑膠[126]。因此，我們需要發明製造這些材料時可以盡可能少用化石燃料的技術、有效回收這些材料的方法，並研發製程中使用較少化石燃料的替代材料；如果能完全不用，當然又更好。

我們也需要「適應科技」（adaptation technologies），幫助我們適應氣候變遷的後果。由於乾旱愈來愈頻繁嚴重，我們需要更好的灌溉、水資源回收與海水淡化技術，同時培育出較能抵禦極端氣候的作物。此外，天氣預報和

＊ 我會強調是「現代」的生質燃料，因為嚴格來說，木柴和動物的糞便也算生質燃料。

△ 這稱作碳的捕捉、利用與封存。

水災防治的技術也要改進，我們才更能應付日漸頻繁又規模愈來愈大的暴風雨和氣旋。

改良技術是必要的，但還不夠。我們也必須改變生活方式，尤其是富國的人民和開發中國家的有錢人。

即便有了生質燃料、電池和更棒的氫燃料電池等替代能源，我們還是要少開一點個人交通工具。這說得容易做得難，特別是在像美國這樣的國家。因為這些國家的人住得比較分散，交通運輸系統又不夠完善，因此開長途車是不可避免的。在這些國家，想要減少個人交通工具的使用，會需要先投資公共運輸的建設，之後還要透過都市計畫法規的改變來大幅重組生活空間（後面會提到更多）。

再來，我們也可以在居住和工作的空間更有效率地使用能源。藉由填補牆壁夾層、安裝雙層或三層的玻璃窗，讓房屋隔熱和熱泵系統更有效能，進而大幅減少居家供暖的能源需求。在家隨手關燈，也能減少用電；而在工作空間也應該做到這些：辦公室做好隔熱，在下班時間只留下有限的照明。

最後，改變飲食習慣也能帶來很大的影響。農業會排放許多溫室氣體，估計占了溫室氣體排放量的十五到三十五%[127]，因此只要少吃點肉就可以大幅減碳。牛肉在這方面的影響最大：根據近期的估算，牛肉占了農業排放溫室氣體的二十五%（請見〈蝦子〉和〈牛肉〉）[128]。我們也應該盡量吃當季的食材。在溫室裡種植東西，即使是「本土」的食材，也會產生巨大的碳排放量；從很遠的地方用船運、甚至空運運送非當季的食物，也有同樣的問題。我並不是說我們應該完全放棄多元的飲食，但是富國人民應該減少「想要什麼就有什麼」的心態。

然而，如果沒有地方政府、中央政府、國際組織以及各國團結起來齊心協力採取大規模的行動，這所有的技術研發和生活方式的改變都發揮不了什麼作用。單靠市場誘因和個人選擇是不夠的。

解方已有，但有賴政府積極行動

在技術方面，我們需要政府積極參與推廣「綠色」科技。如果這些科技交給市場研發，很多用來對抗和適應氣候變遷的技術就不可能發明出來。這不是因為私部門的廠商、企業很邪惡，而是因為它們始終處在短期就要有成果的壓力之下，而且這個情況在金融法規鬆綁後變得更嚴重（請見〈香料〉）。綠色科技的研發和應用要經過幾十年、甚至更久的時間才能獲得回報，但是私人企業要求報酬的時程只有幾年、甚至幾季，因此自然不太願意投資研發這類技術。

正因為私部門不得不如此短視近利，歷史上要大規模投資新技術的研發與應用時，往往需要政府強力行動。這方面最好的例子就是資訊科技和生物科技的研發，因為這些領域在一開始，幾乎完全是由美國聯邦政府透過國防與醫療研究計畫所贊助的（請見〈麵條〉），原因是這些技術風險極高，而且報酬時程非常長。除了美國，在幾個歐洲國家、中國和巴西，太陽能和風力等低碳能源科技都是因為政府干預，才能大規模地研發與應用[129]。

我們也需要仰賴公部門做出行動，幫助窮國減少溫室氣體的排放和應付氣候變遷帶來的後果。市場屬於一元一票、而非一人一票的機制（請見〈大蒜〉和〈辣椒〉），所以如果不加以管制，資金會流向服務有錢人的科技，窮國最需要的技術——農業和工業生產所需的有效能源技術，或所謂的氣候適應科技——則相對較少人投資。我們需要公部門挺身支持這類技術的研發；假如這些技術是由富國的研究員或企業研發出來的，則需要以優惠價格甚或免費的方式，將這些技術轉移給開發中國家。這是實現「氣候正義」的必要做法，畢竟開發中國家對氣候造成的傷害比較小，卻受到氣候變遷相當大的影響，有些國家甚至正逐漸消失在上升的海平面之下。

就個人而言，如果想做出對環境有益的選擇，真正改變自己的生活方式，也必須仰賴政府推行的政策。

有時，這是因為個人如果想要改變行為，必須預先投入許多人負擔不起的費用。例如，改善隔熱、安裝雙層玻璃窗、使用熱泵系統等促進房屋能源使用效率的做法，會需要事先支付有些人無法負荷的大筆費用（雖然長期來看，這些投資絕對是划算的）。如果希望人們做出這些投資，政府就需要提供補助或貸款。

有時，我們需要公部門採取行動，是因為指望個人能在市場上做出對的選擇，解決氣候變遷等體制方面的問題，不僅不公平，成效也不好。「綠色飲食」就是最好的例子。理論上，我們可以規定販售食品者完全公開產品的碳足跡，讓消費者「正確消費」，趕走造成污染的生產者。可是，實際上這跟什麼都沒做一樣。

首先，即使碳足跡完全公開，消費者也沒有足夠的時間和心力消化所有的相關資訊[130]。事實上，這可能比什麼都沒做還糟。政府如果沒有設下最低的環境標準，市場會出現「比爛」的現象，製造較多污染的供應商反而會以較低廉的產品趕走其他競爭者。

萊姆雖是對付壞血病最有效的解藥，卻需要靠英國皇家海軍這個當時世界上最強大的組織做出行動，才能有效應用，大規模拯救水手的生命。皇家海軍並沒有叫水手在出航前自己記得把萊姆放進行囊，而是強制將萊姆加到配給中，並改造水手最愛的蘭姆酒，以確保每個人都攝取到維生素C。

氣候變遷也是同樣的道理。雖然我們知道解決辦法，可是就像皇家海軍與萊姆的故事一樣，我們不能把解決之道交給市場上的個人選擇來實踐。我們必須動用手邊所有的集體行動機制，包括地方和中央政府、國際合作和全球協議，以確保這些辦法真正付諸實現，像是食品規範、公共運輸建設、都市計畫政策的改變、協助改善房屋隔熱的政府補助方案、研發節能技術所需要的資金援助，以及將綠色科技轉移到開發中國家的做法。唯有當個人的改變跟堅定的大規模公部門行動結合，才能帶來最有成效的社會變革。

香料

炒熱香料貿易的有限責任為何走味了？

鮟鱇魚咖哩蛤蜊湯／我的食譜

將鮟鱇魚或任何肉質緊實的白肉魚放進咖哩蛤蜊湯食用

你現在應該知道，我沒有特別愛吃哪一種料理，就連韓式料理也一樣。我即使連續六個月沒吃到韓式料理也不會怎麼樣，我念研究所時就常常這樣。而義大利、墨西哥和日本料理雖是我的幾種最愛，但我也不是一定要常常吃到。

然而，只有一個例外，那就是「印度」料理，或者應該說是南亞料理*。我只要幾個星期沒吃到南亞菜，就會開始懷念。

說來諷刺，我第一次嘗試南亞料理時，其實並不喜歡。我嘗試新料理時，通常馬上就喜歡上了。一九八〇年代晚期，我在蘇荷區的泰國餐廳第一次吃到泰國菜時，立刻深深愛上它；希臘茄盒、魚卵沙拉、希臘香腸等各種希臘菜餚，我也是一吃就上癮；在一九八七年第一次造訪義大利時，我甚至不覺得我在當地吃的是「異國」食物。可是，「印度」料理卻完全不是這麼一回事。

我對不是南亞人的朋友抱怨南亞食物缺少「實體」。我也不太確定我想表達什麼，但應該是潛意識裡對於南亞食物相對缺乏鮮味感到不滿意，因為我品嚐的菜餚都沒有醬油和夠多的蒜頭。然而，回頭想想，我覺得我不滿意南亞料理的真正原因，應該是因為眾多香料形成複雜又不尋常的味道，讓我難以招架。

我來到英國以前，只認識五種香料：黑胡椒、芥末、肉桂、薑和辣椒。

＊我之所以把「印度」用引號括起來，是因為在英國，十間「印度」餐廳有八間以上是孟加拉人開的，其中有九十五%都是來自錫爾赫特這個專區（請見：A. Gillan, 'From Bangladesh to Brick Lane', *The Guardian*, 21 June, 2002）。所以，我在這裡和本書其他地方都把這種料理稱作「南亞」料理，而非「印度」料理。

在這五種香料當中，我只看過肉桂、薑和辣椒原本的樣子；我沒看過黑胡椒粒，黑胡椒對我來說就是一種灰灰的粉末，而芥末則是做成類似英式芥末醬的形式，只是味道更溫和、更甜。

當然，我吃過幾次中式料理的五香豬肉，但是我沒有特別喜歡那道菜，也沒去查五香是哪五香，所以就跟沒吃過這些香料差不多（想知道的話，答案是八角、丁香、桂皮、花椒和茴香）。

然而，漸漸地，我開始懂得欣賞種類繁多的香料賦予南亞料理的豐富滋味、香氣和感受，接著深深墜入愛河。這些香料包括：香菜籽、芥末籽、孜然、丁香、肉豆蔻、肉豆蔻皮、八角、茴香籽、葛縷子、番紅花、小豆蔻、羅望子、阿魏等等。

今天，我已經變成香料迷了。我會使用香菜籽粉、茴香籽粉和孜然粉製作簡化的南亞菜，因為正宗料理使用的香料種類太多，令我感到卻步又覺得稍嫌多餘，畢竟到餐廳或買現成的調理包就能吃到很棒的南亞料理了。此外，加了牛奶、薑、小豆蔻等各種香料一起熬煮的南亞奶茶，則是我最喜歡的飲品之一。

我不只有烹煮南亞菜的時候會用到香料。烹煮大部分的燉菜或義大利麵時，我會加不少黑胡椒——有時候加整顆，有時候加粉末。我製作水果奶酥時，不論是單純的蘋果奶酥、李子奶酥，還是我最愛的蘋果加大黃內餡，我都會在餡料裡添加很多丁香、小豆蔻莢，還有肉桂粉或整根的肉桂。有時，我也會加一些黑胡椒粒增加嗆辣感。製作義大利燉飯時，我只會加一點番紅花，因為只要高湯夠好*，燉飯其實不需要額外添加什麼香料。最近，我愛上南亞版的烤起司三明治，這是一種給非英國人吃的烤起司三明治（請見〈鯷魚〉），裡面加了很多香菜籽粉和辣椒粉，還有切末的洋蔥、蒜頭和香菜葉；我使用的是英國籍印度裔廚師妮莎・卡托納（Nisha Katona，她原本

---

*我的萬用高湯食譜所用到的食材有：雞骨架、西洋芹、洋蔥、Swiss Marigold 牌的蔬菜高湯粉和一點韓式發酵鯷魚醬（請見〈鯷魚〉）。

是位律師）的食譜。

愛上香料後，我簡直不敢相信我前三十年的人生竟然錯過了這麼多。我不禁埋怨我的祖先，為什麼他們沒有學會使用我最愛的丁香和香菜籽等美妙的香料煮菜呢？如果我們用了丁香和茴香，韓國料理不是會更豐富有趣嗎？

不過，我發覺自己這樣想並不公平。我的祖先住在歐亞大陸的東北角，大部分的香料在那裡的寒冷氣候無法生長。此外，我的祖先不像歐洲人，沒有意願或能力侵占可以種植香料的地區。

在歐洲最受到珍視的香料有黑胡椒、丁香、肉桂和肉豆蔻，這些以前只生長在過去稱作「東印度」的南亞（特別是斯里蘭卡和印度南部）和東南亞（特別是印尼）*。

很多人都知道，歐洲人會發現從歐洲到亞洲的航線，香料是很關鍵的推力。比較少人知道的是，香料也給了我們發展資本主義最重要的工具，那就是合資公司，或稱有限責任公司。

起初，在東印度進行香料貿易，必須用帆船橫跨大西洋和印度洋；如果要去印尼，還會進入太平洋。這對歐洲人來說是風險極高的活動，用個稍微誇張的比喻，就像是今天要發射一個火星探測器，並在之後成功回收一樣[131]。

當然，可以得到的報酬非常豐厚，但由於其中涉及的風險太大，投資者不太願意把錢砸在這場香料競賽。假如有一次商業冒險失敗了，投資者可能會失去一切——不只他們投資的錢，還有他們的財產，包括房子、家具乃至鍋碗瓢盆，因為他們必須償還所有借來的錢。用比較專業的術語來說，就是他們的責任是無限的。生意失敗甚至可能讓商人失去人身自由，因為萬一賣掉自己擁有的一切之後，債權人還是沒要回自己所有的錢，那麼欠債的商人就會被關進負債者的監獄。

因此，潛在投資者自然不太願意投資香料貿易這種高風險的活動。於

---

* 哥倫布和其他早期侵略美洲的歐洲人以為美洲是印度，所以當時的歐洲人似乎認為歐洲、非洲、中東和中國以外的地方都是印度。

是，有人提出解決辦法，那就是賦予投資者有限的責任。這個意思是，潛在投資者可以得到保證，自己所須負擔的賠償責任只限於投資在這門生意的成本（稱作「股份」），而不是自己擁有的一切。這便大大降低潛在投資者面臨的風險，讓發起高風險商業活動的人可以募集眾多投資者，有大筆資金可以動用。

於是，英國東印度公司在一六〇〇年成立了，荷蘭東印度公司也在一六〇二年成立。這兩間公司其實不是最早出現的有限責任公司，但是它們從東印度帶回香料獲得很大的成功，最後還分別在印度和印尼建立殖民地，讓有限責任這項制度蓬勃發展。你沒看錯，剛開始擁有殖民地的正是公司行號，不是國家。

有限責任在今天是常態，可是在十九世紀晚期以前，這是王室及絕對王權不復存在後的政府才能賦予的特權，而且這項特權只會給予對國家具有重要意義的高風險商業活動，像是長途貿易和殖民擴張。

即使有這些卓越的案例，當時很多人仍對這個概念抱持懷疑的態度。經濟學之父亞當・斯密（Adam Smith）便是其中一人，他抨擊有限責任公司，理由是這些公司讓它們的管理階層拿「別人的錢」賭博（這個說法出自他本人之口）。他認為，公司的管理者沒有百分之百擁有這些公司，所以永遠都會做出風險過高的事情，因為他們不必承擔失敗的全部責任。

這麼說並沒有錯，但是重點在於，有限責任讓我們可以動用比實施無限責任還要多上許多的資本。這就是為何，資本主義的大敵馬克思會稱讚有限責任公司是「資本主義發展最成熟的產物」——雖然他這麼說，是因為相信社會主義只有在資本主義發展完全後才會崛起，資本主義發展得愈快，社會主義就會愈快到來。

馬克思在十九世紀中葉說出這段話後不久，鋼鐵、機械、工業化學、製藥等需要大規模投資的「重工業和化學工業」興起，讓有限責任變得更有存在的必要。如果大部分的關鍵產業都需要大規模融資，而不只有長途貿易或殖民活動才需要，那麼個別發行有限責任的許可證將無法應付。因此，到了十九世紀晚期，大部分的國家都把有限責任變成一種權利，而非特權，只要符合某些最低標準就可以行使。從那時起，有限責任公司就一直是資本主義發展的主要工具。

然而，這個曾經是經濟發展重要推手的工具近年來已經變成一種阻礙。過去幾十年，金融鬆綁創造了許多金融機會，讓股東不再長期忠於自己在法律上持有的公司。例如，英國的平均持股時間已從一九六〇年代的五年降至現在不到一年。

如果你連投入資金一年都沒辦法做到，你真的可以說自己擁有某間公司的所有權嗎？

讓股東名副其實，而不是當個過客

為了讓躁動不安的股東開心，專業經理人現在都發給股東極高的分紅，作法則是透過股利發放和股份買回，由公司買下自己的股份，藉此提高股價，讓股東可以「變現」賣掉自己的持股。在美國和英國，過去幾十年來用這些方式分給股東的利潤，占了公司總利潤的九十到九十五%之多，但在一九八〇年代以前，這個數字不到五十%。由於未分給股東的利潤可做為保留盈餘，而這是企業進行投資的主要資金來源，因此前述轉變已嚴重削弱了公司的投資能力，特別是在需要投資長時間才能得到報酬的那些領域（請見〈萊姆〉）。

現在是時候改革有限責任的制度了，這樣我們才能保留其益處，同時限制有害的副作用。

首先，我們可以修改有限責任，鼓勵股東長期持有股份。例如，投票權可以改成跟持股時間的長短有關，也就是持股時間愈長的股東擁有愈大的說話分量，這就稱作「占有期投票」（tenure voting）。法國和義大利等國已經實施這個制度，但程度非常有限，像是持股超過兩年的股東只會多得到一張票。我們必須認真加強占有期投票的制度，例如每多持有一年就可以多一張票，並設定最多只能得到二十張票之類的上限。我們必須透過某種方式獎勵投入時間較久的投資者。

第二，我們應該限制股東的權力，即使是長時間持股的股東也一樣；同時，讓其他利害關係人在公司營運的事務上發揮更大的影響力，包括員工、原材料的供應商和公司所在的當地社群。股東的問題在於，即使是持股很久的股東也可能隨時走人。把一些權力交給比股東還要穩定許多的利害關係人，我們就能把權力分給比較關注公司長遠未來的人。

最後，我們必須限制股東的選擇，這樣他們才會對公司的長遠未來更有興趣。要做到這點，我們應加強規範較具投機性的金融商品，減少「賺快錢」的機會，進而提高投資者長期投入一間公司的動機[132]。

有限責任在資本主義發明的工具之中，重要性堪稱數一數二。然而，在這個金融鬆綁和股東缺乏耐性的時代（更專業的術語是「金融化」的時代），它已經變成經濟發展的阻礙，而非推手。我們必須改革有限責任的制度以及相關的金融控管和利害關係人影響力機制。

就像同一種香料可能讓某一道菜變好吃、卻毀了另一道菜一樣，同一個制度在某個時空背景下可能運作得很好，在另一個時空卻變成嚴重的問題。

草莓

當機器人會採草莓，我們還有工作嗎？

草莓牛奶／我太太姬廷的食譜
草莓跟煉乳加到牛奶裡一起攪打

從科學的定義來說，草莓（strawberry）不是漿果*，黑莓和覆盆莓也不是。以植物學的角度來看，葡萄、黑醋栗、香蕉、小黃瓜、番茄、茄子、西瓜和辣椒才是漿果。別擔心，有些「莓」在科學定義上確實是漿果，如蔓越莓、藍莓和鵝莓。然而，我們還是不禁納悶，為何植物學界最聰明絕頂的科學家要辛辛苦苦、互相辯論，想出一個叫做「漿果」的科學分類，結果卻有那麼多名字有「莓」的水果不是漿果，那麼多沒有「莓」字的蔬果卻是漿果。

不管在植物學上是不是漿果的一種，對世界各地大部分的人來說，最好吃的「莓」果非草莓莫屬。在當令的產季，品質最好的草莓又甜又有風味，單吃就很美味。不是當季的草莓吃起來通常有點酸，所以人們會用糖或我覺得更棒的煉乳把它變甜。比較有冒險精神的人，吃草莓時會沾巴薩米克醋或黑胡椒，或兩種都沾。在英國，如果有人邀請你參加夏日花園派對，通常會吃到淋上鮮奶油的草莓——我必須冒著失去英國朋友的風險老實說，我不喜歡這樣的組合。

我們會用草莓製作各式各樣的可口甜點，包括蛋糕、乳酪蛋糕、甜塔等，而我特愛法式草莓塔。草莓、香草和巧克力是全世界冰淇淋口味的鐵三角，雖然大部分的草莓冰淇淋裡面根本不含真正的草莓。英國人特別會發明草莓甜點，像是伊頓之亂（Eton mess），這道甜點將草莓、馬林糖碎塊和鮮奶油混合在一起，據說是在以出產英國政治菁英聞名的私立伊頓公學發明

＊從植物學來說，漿果的定義是多果肉、沒有核、由單一子房的單一花朵產生的果實。草莓不是由子房發育出來，而是從托著子房的花托發育而成，因此屬於「聚合果」這個分類。（譯註：漿果〔berry〕俗稱莓果。）

的；此外還有草莓寶盒，這是結合草莓、卡士達醬、泡過雪莉酒的手指餅乾的一道甜點，最上層鋪上鮮奶油；至於有沒有夾一層草莓果醬則具有爭議[133]。

今天，透過從不同氣候帶進口草莓或在溫室加以培育，已經成功克服草莓的季節限制。然而，幾十年前，這些做法都要花很多錢，因此大多數人想要在草莓季以外的時間吃到草莓，就只能把它做成果醬。其他水果也可以做成果醬，像是覆盆莓、甜桃和杏桃，但是對大部分的人而言，最美味的還是草莓果醬。

草莓果醬最常見的用法就是塗在抹了奶油的吐司上。但，草莓果醬也可以夾在麵餅中間，像是英式的果醬乳酪三明治、法式的可麗餅或美式的花生醬加草莓果醬三明治，又或者是我們家最愛的花生醬加葡萄果醬三明治（關於果醬，請見〈香蕉〉）。我個人認為，草莓果醬最棒的吃法就是跟凝脂奶油一起加在英式司康上，至於德文郡和康瓦爾郡對於果醬和凝脂奶油的添加順序之爭，我個人在此表示絕對中立，因為我覺得兩種都很好*。俄國人會把草莓果醬或其他果醬加在茶裡增加甜度，削弱茶的單寧味。這個點子滿聽明的，但是我個人已經習慣喝英式下午茶加牛奶，所以除非是想偶爾變化一下口味，否則我不會加果醬。

草莓是一種相當勞力密集的作物，特別是在採收時。不像蘋果或葡萄等水果，草莓常常躲在葉子之間，有時候躲得很裡面，因此需要花時間尋找。草莓很軟，摘採時容易碰傷，所以工人要很小心，而這又增加了採收所需的時間。

在高薪的富國，這種勞力密集的特性給草莓生產者帶來很大的問題，因為這會讓草莓變得很貴。大路邊的小農場可以推出採果活動來部分解決這個難題，讓消費者提供自己的勞力，可是這對大多數的農場而言並不可行。於是，他們便雇用廉價的移工，嘗試解決高勞動成本的問題。

加州是美國最大的農業州，全美出產的草莓超過八十％來自這裡。供應

* 德文郡的人會先塗凝脂奶油，康瓦爾郡的人則是先塗果醬。

加州廉價勞工的主要是墨西哥，那裡約有七十%的農業勞工生於墨西哥，其中又至少有半數沒有相關申報文件，亦即他們是非法在美國工作[134]。

這些墨西哥移工把草莓稱作「惡魔的果實」，因為採收草莓是加州薪資最低、最困難、因此最沒有人想做的農場工作[135]。草莓很矮，植株本身高十到十三公分，種在二十到三十公分高的架子上，所以採草莓必須一直彎腰，每天這樣做十到十二個小時，連續好幾個星期，「可能造成劇痛和終身殘疾」[136]。這些工人大部分薪水都很少，工作條件嚴苛。[137]非法勞工的薪資只有合法勞工的一半左右，而且很多人都受到虐待。雇主知道他們不能向警方求助。

過去幾百年來，至少在勞工薪水較高的富國裡，農業機械化的程度愈來愈高，包括牛或馬拉的犁、鋤頭、鐮刀、拖拉機、聯合收割機，現在甚至還有無人機*。然而，採收草莓至今仍無法機械化，因為採收過程涉及判斷力，必須判斷草莓躲在哪裡、熟度夠不夠，而且草莓天生嬌弱，很容易就碰傷了。

不過，這個情況正在改變，我們終於快要可以推出商業化的採草莓機器人了，到時候也能應付其他很難採收的蔬果，像是覆盆莓、番茄和萵苣。目前，已有數家公司正在研發可以找到草莓位置、判斷熟度，並在不碰傷的前提下採摘草莓的採收機器人[138]。這些機器人還沒有像人類一樣厲害，但是因為它們不斷在改良中，很快就會突破農業自動化的最後一道關卡「採收草莓」了。

因為自動化而可能丟掉飯碗的，不只有草莓採收工。今天，我們常常讀到、聽到、看到新聞媒體告訴我們，機器人很快就會取代大部分的人類勞工，因此大多數人都將失去工作。AI（人工智慧）技術的發展更加深了人們對於未來沒工作的恐懼，因為這讓機器不只可以取代人的雙手和肌肉，還可以取代人腦。《金融時報》在二〇一七年推出的互動式網頁「機器人做得

＊農業機械從十九世紀初開始出現，最初是由馬匹驅動；聯合收割機在一八八〇年代發明出來，結合了收割和打穀；使用內燃機的現代拖拉機在二十世紀初問世；無人機今天被用來監控作物健康、牲口和灌溉系統。

了你的工作嗎？」（Can a robot do your job?）便體現了全球對於自動化的焦慮感。

自動化不是新鮮事，人類其實經驗老道

「自動化帶來失業」一直都是資本主義的特性，至少過去兩百五十年以來都是如此（請見〈巧克力〉）*。為《金融時報》等報章雜誌撰文的那些記者、經濟學家和商業評論家總在責罵藍領階級的勞工在抗拒經濟發展，因為害怕工作減少而試圖延遲節省勞動的科技問世。那麼，那些記者和評論家現在為什麼突然擔心起自動化技術對工作的影響？

我嗅到了一絲偽善的氣息。當那些喜歡發表意見的權威人士認為自己的工作不會受到自動化威脅時，便輕易責備抗拒科技的藍領階級勞工，稱他們是「盧德主義者」（Luddite，指十九世紀初的英國紡織工，他們以為砸壞逐

漸取代他們的紡織機器就能保住工作）。可是，現在自動化開始影響到他們和朋友從事的白領職業，像是醫學、法律、會計、金融、教學，甚至新聞業△，於是，他們才後知後覺地感受到科技會導致失業的恐懼，發現自己的技能可能已經永遠變成多餘的了。

但，我們不應該因為這些人對自動化感到恐慌而受到影響。自動化已經存在兩百五十年了，卻從來沒有像我們所預測的那樣，大規模摧毀工作。這是因為，自動化不僅摧毀工作，也會創造工作。

首先，自動化本身會創造新工作。比方說，機器人雖然讓採草莓的工作

＊英國發明家理查・阿克萊特（Richard Arkwright）在一七七一年研發出第一個全自動的紡織機器，也就是靠水力驅動的水力紡紗機；美國工程師奧利佛・埃文斯（Oliver Evans）則在一七八五年發明了第一個全自動的工業生產過程——磨粉機。

△已經有一些新聞媒體使用 AI 產出一些簡單的文章、編輯體育賽事的重點。但，AI 可以創造的東西比這還要複雜。若想看一個特別傑出的例子，可以查閱英國《衛報》在二〇二〇年九月八日由 GPT-3（該 AI 的名字）所寫的文章〈這整篇文章都是機器人寫的。人類，你們害怕了嗎?〉（A robot wrote this entire article. Are you scared yet, human?）。

消失，但是自動化會增加我們對機器工程師、生產機器人的勞工和生產機器人零件的勞工的需求。此外，自動化雖減少了每單位產出所需的勞力，但也可能因為使產品變得更便宜、增加了需求量，而提高整體的勞動力需求，進而創造更多工作。根據詹姆斯・貝森（James Bessen）所做的研究，在十九世紀的美國，自動化讓生產一碼布料所需要的紡織工減少了九十八％，但是紡織工的數量卻成長了四倍，因為棉布價格變低之後，人們對棉布的需求量增加了很多[139]。

其次，自動化也會間接創造別的工作。電腦和網路摧毀了許多旅行社的工作，因為我們大部分人現在都會自己上網預訂，可是這也同時創造了很多旅遊業的其他職缺，像是經營預訂網站的人、透過Airbnb等平台出租房間的人、透過網路宣傳才能吸引夠多顧客報名的特殊主題導覽員等等。最後，自動化會提高生產力，進而提高平均每人所得，使得人們開始想要獲得能夠滿足更多元、更「高級」的需求的新商品和服務，而這就會創造新的工作，包括更高等的教育、娛樂、時尚、平面設計和藝廊。

此外，我們永遠可以透過政府推動的政策一起創造更多工作。至少從一九三〇年代以來，每逢經濟衰退，私部門的公司要減少投資或職務來省錢的時候，政府就會增加支出，刺激經濟的總體需求，鼓勵私部門的公司不要裁員，甚或雇用新的員工。在新冠肺炎疫情期間，許多富國的政府甚至替公司支付「冗贅」員工的大部分薪資，防止他們遭到解雇。以英國的無薪假計畫來說，政府支付了高達八十%的薪資。

政府還可以制定規範創造工作。假如政府規定在教育、醫療和長照領域提高服務每個人的平均勞工人數，例如學校每一位學童平均要有幾個老師、托兒所每一位孩童平均要有幾個保母、醫院每一位病患平均要有幾個醫生或護理師、養老院每一位居民平均要有幾個照護者等，這些產業就會出現更多工作。我們在新冠肺炎疫情期間也看到了，這些產業確實需要雇用更多人，以提供更好的服務（請見〈辣椒〉）。

有這麼多因素互相拉扯，用難以預測的方式發揮影響，經過長時間才能看出結果，我們實在無法斷言某一特定領域自動化之後，是否會減少整體的就業率；不論那個領域是採收草莓、織造棉布，還是新聞報導。但，經過兩百五十年持續不斷的自動化，大部分的人還是都有工作可做，顯示目前為止自動化對就業的整體影響並不是負面的（然而，很多工作可能不盡理想，甚至是危險或剝削人的）。

有些人會說，這次不一樣，因為現在的機器可以做過去無法自動化的工作。可是，科技進步就是如此：大部分的人都無法預見新科技的問世。假如你跟一位一九〇〇年的中上階級英國女士說，她的女傭所做的工作大部分都會在幾個世代後交由機器完成，她肯定會哈哈大笑。但，後來確實出現了洗衣機、吸塵器、微波爐、冰箱、生產即食餐點的機器等。

假如你跟一位一九五〇年的日本技工說，他的工作幾十年後大部分都會交由一個叫作「車床」的機器來完成，而這個機器又是由另一個稱作「電腦」的機器所控制，他肯定會認為你瘋了。但，電腦數值控制機器現在確實是富國工廠的標準設備*。所以，五十年後，很多人或許也會很難理解二十一世紀初為什麼有這麼多人認為所謂的白領工作無法自動化。

這一切並不表示我們可以忽視自動化對工作的影響。它在創造其他工作的同時，的確毀了某些工作，而那些因此變得多餘的勞工也的確受到重創。就算自動化對整體就業的整體影響長期來看不是負面的，也無法安慰那些失去工作的勞工。

理論上，技能因為機器而遭到淘汰的那些人，可以重新受訓去找另一份工作；這一直是自由市場經濟學家的標準看法，他們認為人會失業，是因為他們不想接受當下的薪資水準。但是實際上，如果沒有政府支持，這些勞工很難獲得再度就業所需的訓練，甚至完全沒有機會，他們只能接受低技能的工作，像是在超市上架物品、清掃辦公室或看守工地。失業勞工需要獲得失

＊美國科幻小說家寇特·馮內果（Kurt Vonnegut）在一九五一年所著的《自動鋼琴》（*Player Piano*）彷彿在預言未來，書中描繪一個前所未見的繁榮世界，人類因為效率極高的電腦數值控制機器而不再需要付出勞力。然而，在那個世界，除了一小群管理者、工程師和科學家，大部分的人都過得很悲慘，因為他們雖然不缺舒適的物質生活，有很多閒暇時間，卻沒什麼有用的事可以做，覺得自己在社會上是多餘的。

業津貼和收入補助，幫助他們熬過重新受訓的過程；他們需要負擔得起的訓練計畫，也就是說，政府要給訓練機構和受訓者補助金；他們需要在找工作時得到真正有效而非徒具虛名的幫助，像是瑞典和芬蘭等國家提供的積極勞動市場政策[140]。

自動化被視為工作的毀滅者，但實際上卻不是這樣，就好比草莓被視為一種漿果，可是事實並非如此。我們必須看清自動化的真相。自動化不全然是工作的毀滅者，而且科技也不完全決定了工作的數量。只要我們想要，社會可以採取行動，透過財政政策、勞動市場政策和特定產業的規範來創造新工作。

唯有當我們看清自動化的本質，我們才能克服對科技愈來愈常有、認定「自動化不好」的恐懼感，並消除年輕世代「我們不再被需要」的絕望感。

巧克力

美味甜點，藏著瑞士人富裕的祕密？

費南達的布朗尼／挪威友人費南達．賴內特的食譜

要做出質地最濃稠的布朗尼，你需要：糖、麵粉、蛋、泡打粉和很多可可粉

我想告解一件事。我有成癮症。

打從一九六〇年代中期我還在學走路時，我的癮頭就形成了（是的，我很早熟）。我迷上的那個非法物質當時是從南韓的美軍基地偷運出來，再拿到黑市販售的。

那個東西叫做M&M'S。

黑市會販售M&M'S？這可不是我胡扯的。

在當時的韓國，除了跟國家工業化直接相關的機器和原物料，其他外國

商品一律禁止進口，包括轎車、電視、餅乾、巧克力，甚至是香蕉。要從國外偷渡汽車或電視等商品很困難，不過，現在僅剩幾座的美軍基地，在當時可是遍布全國各地。於是，充滿創業精神的韓國人會從這些基地大量走私較小型的消費商品，例如罐頭食品、果汁粉、餅乾、口香糖和巧克力。我還記得都樂牌的水果罐頭和Spam牌午餐肉罐頭特別受歡迎，而果汁粉則以菓珍牌最有名。這些東西會轉賣給流動小販，他們會把商品賣給有一點閒錢可以花的中產階級家庭。

像M&M'S或Hershey's牛奶巧克力等巧克力產品，正是最受歡迎的幾種偷渡商品。一九六七年以前，韓國沒有人生產巧克力，巧克力的產業要到一九七五年之後才會真正發展起來，因為那時候樂天製菓公司使用迦納進口的可可豆製造了Ghana巧克力。時至今日，這依然是韓國經營最久的巧克力品牌。

從我愛上M&M'S之後，我有將近六十年的時間一直在對抗想吃可可豆所有相關產品的欲望，雖然通常最後都會屈服。

在比較高端的那一頭，有高級巧克力商製造的巧克力片、松露巧克力、佛羅倫汀等美妙的巧克力產品，為了不偏袒任何一家，我按照字母順序排列這些製造商：Hotel Chocolat（英國）、Lindt & Sprüngli（瑞士）、Pierre Marcolini（比利時）、Republica del Cacao（厄瓜多）和Valrhona（法國）。我並不是很厲害的行家，無法吃出來單一莊園可可豆的巧克力片是多麼有價值，或是察覺這些巧克力商常常強調的產地風味差異，例如是委內瑞拉或千里達的可可豆，但是我就是無法抵擋可可豆強烈繁複的風味和香氣。

然而，我雖然喜歡那些極為精緻的巧克力產品，但那不表示我很虛榮。我什麼樣的巧克力都吃。

我時常選購普通可靠的巧克力，像是Cadbury's Dairy Milk和Ghana巧克力片，而不會選可可含量超過70%的巧克力片或高級巧克力製造商販售的松露巧克力禮盒。很多跟我一樣愛吃巧克力的同好都很不屑Hershey's巧克力，尤其是歐洲人，因為它的可可含量不夠高。根據BBC的報導，Hershey's巧克力的可可含量只有十一%。相較之下，因為可可含量太少而不敢自稱巧克力的Cadbury's Dairy Milk都還有二十三%，Hershey's卻連它的一半含量都不到[141]。然而，我還是非常愛吃Hershey's，因為我在M&M'S時期就已愛上它的味道。況且，對我來說，巧克力就是巧克力，不管是七十%、二十三%、還是十一%。

如果要在巧克力裡加東西，我肯定會推薦你加花生，你只要想想花生M&M'S、Reese's的各種產品，還有我的最愛士力架就對了。我也非常樂意大啖裹上巧克力的整顆杏仁、咬下含有堅果碎塊的瑞士三角巧克力，或是享用由榛果鐵三角組成的金莎巧克力球——它的中間可是包了整顆烤過的榛果，外圍還灑上榛果碎粒，夾心則為榛果巧克力醬。對於巧克力加水果這樣的組合，我是又愛又恨，但我特別喜歡橘子搭配巧克力的產品，像是Terry's牌的橘子巧克力、糖漬橙片沾裹黑巧克力，甚至是Jaffa蛋糕。儘管來吧。

將巧克力和麵粉、奶油之類的油脂與糖結合在一起，又可以創造出一個全新的宇宙。巧克力布朗尼、巧克力夾心蛋糕、巧克力健力士蛋糕、巧克力熔岩蛋糕、黑森林蛋糕……還有那些種類繁多的餅乾！我喜歡Kit Kat和特趣等夾有餅乾的巧克力棒，但是巧克力口味的消化餅是我的最愛。另外，各種巧克力豆餅乾也令我欲罷不能，如Maryland、Pepperidge Farm、超市自有品牌和自家烘焙的巧克力豆餅乾。

最後，還有非糕餅類的巧克力。小時候，我很愛喝巧克力飲品，不過現在很少喝了，因為我已經改喝茶和咖啡。我基本上沒有很喜歡冰淇淋，但是如果有任何形式的巧克力在裡面，我會欣然品嚐。有時，我會在麥片、優格或冰淇淋上灑一些碎可可豆。最近，朋友教我在煮墨西哥辣肉醬時放幾塊黑巧克力，結果棒極了。去墨西哥時，我常常會吃加了巧克力辣椒醬（*mole poblano*）的雞肉料理。

我還可以繼續舉例，但我想你懂我的意思。

巧克力是以可可樹（*Theobroma cacao*）的種子製成的。巧克力源自中部美洲地區*，但今天主要的生產國卻不在這裡——世界前三大巧克力生產

*譯註：中部美洲（Mesoamerica）是過去的用法，跟今天所說的中美洲不太一樣，狹義的範圍包括墨西哥中部、貝里斯、瓜地馬拉、薩爾瓦多、宏都拉斯、尼加拉瓜和哥斯大黎加北部。

國分別是象牙海岸、迦納和印尼。可可樹最早是在哪裡馴化的仍有爭議，但應該是在今天的厄瓜多和秘魯。當時，住在今日墨西哥的民族熱切地引進可可，他們是奧爾梅克人、馬雅人和阿茲特克人。阿茲特克人超級喜歡可可豆，會把巧克力、玉米糊、辣椒、多香果和香草調成冷飲。當然，可可豆並不是一種豆子，而是可可樹果實「可可莢」的種子。由於可可樹無法生長在阿茲特克人生活的高地，可可豆對他們來說特別寶貴。據說，馬雅人和阿茲特克人會將可可豆做為貨幣使用。

西班牙人在十六世紀征服阿茲特克帝國之後，從墨西哥引進巧克力到家鄉，因此巧克力是從阿茲特克語的「*xocolātl*」演變而來。

巧克力一開始出現在歐洲時，是依循最原始的阿茲特克風格，以飲品的形式食用。然而，墨西哥的西班牙人太沒用，竟然把辣椒拿掉了，改成在原本的阿茲特克配方中添加糖或蜂蜜。從十七世紀開始，巧克力飲品迅速在歐洲各地流行起來。

巧克力直到一八四七年才做成固態的。布里斯托的 Fry's 發明了第一種量產的巧克力棒。這個品牌跟伯明罕的Cadbury's和約克的Rowntree's一起組成了當時英國貴格派糕餅製造商的鐵三角。

雖然在巧克力飲品裡加牛奶的做法已經存在好幾百年，但是巧克力棒一開始卻是用黑巧克力製成，而非牛奶巧克力。這並不是因為黑巧克力比牛奶巧克力受歡迎，而是因為早期試著將牛奶加進巧克力棒的實驗都失敗了，因為成品的液體含量過高，東西會發霉。

這個問題在一八七五年被兩名瑞士人解決了。巧克力製造師丹尼爾・彼得（Daniel Peter）不用新鮮的牛奶，而是用專門製造加工乳製品的亨利・內斯萊（Henri Nestlé）所發明的奶粉，成功做出最早的牛奶巧克力棒。這兩人後來跟別人聯手，創立了食品龍頭雀巢。一八七九年，另一間瑞士公司瑞士蓮又讓巧克力加工更上一層樓，發明「捏磨」的技術，透過延長機器攪拌材料的時間，改良巧克力的質地和風味。於是，瑞士成了高品質巧克力的代名詞。

許多人認為，巧克力是瑞士唯一生產的東西——除了那些只有寡頭政治家、銀行家和體育明星才買得起的昂貴名錶。大多數人的看法是，這個國家製造的東西不多，主要靠服務業為生。

若用比較負面的角度來詮釋，可以說瑞士人賺錢謀生的方式，就是讓第三世界的獨裁者把黑錢存到他們神秘的銀行裡，替他們保管錢財，同時兼賣咕咕鐘和牛鈴等俗氣的紀念品給天真的美國和日本遊客（這些現在大概也都是中國製造的了）。若用比較正面也比較普遍的方式詮釋，則可以說這個國家是後工業經濟的典範，靠金融業和高級觀光業等服務來獲得繁榮，而非仰賴製造業。

後工業時代的論述是從一九七〇年代開始的，源自一個簡單但強大的概念，那就是人變得愈有錢，就愈想要更高級的事物。人們一旦填飽肚子了，農業就會衰退；當衣服和家具等比較基本的需求也滿足了，他們就會把注意力放在更精緻的消費財，像是電子產品和汽車；當大部分的人都擁有這些東西，消費者的需求又會轉移到各種服務，如餐廳、劇院、觀光、金融服務等。這時候，工業開始衰退，服務業變成主要的經濟產業，開始人類經濟進程的後工業時代。

後工業時代的觀點在一九九〇年代愈來愈受歡迎，因為幾乎所有的富裕經濟體都開始看見，在產出和就業方面，製造業的重要性衰弱了，服務業的重要性則提高。這個過程就稱作「去工業化」。當中國成為世界上最大的工業國家之後，後工業社會的提倡者便主張，製造業已經變成像中國這樣低技術、低薪資的國家在做的事，金融、資訊科技和商業顧問等高端服務才是未來，尤其是對富國來說。

在這樣的論述中，瑞士被吹捧為專精於服務業也能維持極高生活水準的證據，有時則連同新加坡也一起拿來講。有些開發中國家被這種論點說服，又受到瑞士和新加坡的例子啟發，甚至試圖或多或少省略工業化這個階段，靠輸出高端服務來發展經濟，例如印度和盧安達。

然而，瑞士其實是世界上最工業化的經濟體，每人平均生產最多的製造業產出[142]。我們不常看到「瑞士製造」的產品，部分原因是因為瑞士很小，只有九百萬人左右，但也是因為瑞士擅長製造經濟學家所說的「生產財」，如機器、精密設備和工業化學等我們一般消費者不會看到的東西。有趣的是，另一個被當成後工業成功案例的新加坡，竟是世界上工業化程度第二高的經濟體。拿瑞士和新加坡當作後工業時代服務業經濟的範例，就好比用挪威和芬蘭宣傳海灘假期。

後工業主義的提倡者完全誤解了近期經濟變化的本質。驅使去工業化的主因是生產力的改變，不是需求的改變。

從就業來看，比較容易明白這一點。由於製造過程愈來愈機械化，我們不需要跟原本一樣多的勞工就能製造相同的產量（請見〈草莓〉）。有了機器、甚至是工業機器人的幫助，現在勞工的產出可以是他們父母那一代的許多倍。半個世紀以前，製造業在富國用了四十%左右的勞動力，但今天，十到二十%的勞動力就能生產同樣的產出，甚至還能更多。

產出的變化比較複雜難懂一些。沒錯，在這些國家，製造業對全國經濟的重要性確實衰退了，服務業的重要性則提高，但這並不像後工業論述的提倡者希望我們相信的那樣，是因為人們對服務的需求增加得比對工業製品的需求還要更快。會發生這種情況，主要是因為製造業的生產力成長得比服務業還快，使得服務變得相對昂貴。想想過去幾十年，跟剪頭髮或上餐廳吃飯相比，電腦和手機是愈來愈便宜了。如果我們把這些相對價格的變化納入考量，就會發現過去這幾十年來，除了英國之外，製造業在全國產出所占的比例在大部分的富國都只有些微下降，在瑞士、瑞典和芬蘭等國家甚至是上升的[143]。

後工業化時代只是表象，製造業依然關鍵

跟後工業主義的神話有所違背的是，生產有競爭力的工業製品的能力依然是決定一國生活水準最重要的因素（請見〈鯷魚〉）。

許多服務業的生產力高昂，被認為正在取代製造業，像是金融、運輸以

及管理顧問、工程和設計等商業服務，但其實它們沒有製造業就無法生存，因為製造業是它們的大客戶。這些服務看起來很新，純粹是因為它們以前是製造業公司內部提供的服務，計入製造業的產出，現在卻改由專精於這些服務的公司來供應，所以改為計入服務業的產出*。這就是為什麼像瑞士和新加坡這些製造業強大的國家，服務業也很強大（反過來說卻不盡然）。

此外，製造業依然是科技創新的主要來源。就連在製造業只占經濟產出十%的美國和英國，有六十到七十%的研發都是製造業執行的。在德國和南韓等比較製造業導向的經濟體，這個數字更高達八十到九十%。

認為我們現在活在後工業時代的這種觀點，對美國和英國的傷害特別大。自一九八〇年代起，這些國家漠視自己的製造業，誤以為製造業的占比下滑是好事，代表國家經濟正從工業經濟過渡到後工業經濟。這讓決策者有了方便的藉口，可以不去理會製造業的衰微。

結果，在過去幾十年，英國和美國過度發展金融業，最後在二〇〇八年的全球金融危機崩潰。從那時候開始，經濟學家提出了「長期停滯」的概念，而這些國家所能做到的微弱復甦也是靠另一個金融（及房地產）泡泡來達成，那就是中央銀行率先推出的史上最低利率△，以及所謂的「量化寬鬆」計畫。

在二〇二〇到二〇二二年間發生的新冠肺炎疫情也證實了，美國和英國現在擁有的金融市場跟實體經濟一點關係也沒有。疫情期間，這些國家的股市升到歷史新高，但是實體經濟卻遭受重創，一般百姓飽受失業和收入減少之苦。用美國人的話來說，就是華爾街和「大街」☆彼此已經毫無關連了。

除非你住在瑞士，否則你曾買過的「瑞士製造」商品，很可能只有巧克力。但請不要因此受騙，瑞士的成功祕訣在於它有世界上最強大的製造業，

---

* 有些人甚至基於這個理由，認為這些服務應該列為製造業活動，而非服務業。我要謝謝喬斯坦・豪蓋（Jostein Hauge）點出這件事。

△ 英國的利率自從一六九四年英格蘭銀行成立以來，不曾那麼低過。

☆ 譯註：華爾街代表高端金融界或億萬富翁，大街代表小型公司行號或中產階級。

而不是我們一般以為的銀行業或觀光業。就連瑞士在巧克力領域享有的聲譽也是源自它那深具獨創性的製造業，像是奶粉、牛奶巧克力和捏磨技術的發明，而不是因為它的服務業非常能幹，例如銀行為巧克力消費者想出了複雜的分期付款計畫，或者廣告業者為巧克力設計了極具巧思的行銷活動。

讓瑞士不知不覺變成後工業社會模範的論述，輕則誤導人、重則危害經濟。信了它，我們將深受其害。

結語

如何好好食用經濟學？

我知道，這本書很怪。

我提到了很多食物，其中有些是你們很多人從來沒想過可以吃的，如橡實、蠶蛹、蚱蜢以及蒜頭和辣椒（這就要看人了）。我談到了這些食物的生物特性和身世、地理起源和分布、背後的社經歷史、政治方面的象徵意涵，還有我個人跟這些食物的愛恨情仇以及我的成癮症。我描述了這些食物的千百種料理方式，像是煎炒、燉煮、火烤、煙燻、烘烤、水煮、生吃、鹽醃、醬醃或發酵。我討論和比較了不同的飲食文化，包括它們吸引人的地方、獨特之處與各種融合方式。

在這個過程中，我們遊歷了許多不同的地方和時期。在〈橡實〉，我們從當今的韓國來到西班牙的宗教裁判所時期、十一世紀科學研究發達的巴格達、二十世紀初的日本工廠，最後回到今天的韓國銀行。在〈秋葵〉，我們坐上大西洋的奴隸船，接觸聖多明戈（今天的海地）的奴隸制蔗糖莊園，遇見美國大草原的拓墾農夫，目擊北美原住民遭受殘暴迫害，並在皮諾契特將軍的軍事獨裁下瑟縮在聖地牙哥的街道。

有時，這些飲食之旅最後抵達的經濟學目的地還算可以預料：從鯷魚講到依賴初級產品的隱憂或從草莓講到自動化對工作的影響，並不難想像。不過，有些章節所要討論的經濟學主題和我們抵達這個主題所採取的路線往往十分怪異*。我想，只有我這古怪的腦袋可以從咬人的足球員講到世界貿易組織，或是一開始講壞血病，最後卻不知怎地談到氣候變遷下的經濟學。

走完這趟像「愛麗絲掉進兔子洞」一樣而展開的旅程之後，我希望你已經有了自己的想法，知道以後要如何好好「食用」經濟學。說到食物，我們每個人都有自己一套方式，能在有限的預算下尋找食材，並稍微變化母親的食譜或實驗在ＩＧ上看見的某道菜，將各色食材加以結合、烹煮，研發出創新的料理。經濟學也應該如此。你不需要別人告訴你如何學習、批判思考和加以應用。你完全能夠自己想出一套方式。

然而，研究和實踐經濟學長達四十年的我，應該可以提供幾個「飲食」建議。

首先，多元的飲食很重要。我在書中嘗試呈現經濟學的不同觀點。同一件事往往有不同的意見，例如在〈雞肉〉提到的不平等概念。有時，某個觀點會讓你看見別人看不見的東西，像是〈辣椒〉有關照護工作的女性觀點。有時，不同的觀點會互補，好比〈香蕉〉對於跨國企業的正反看法。欣賞不同的經濟學觀點就像攝取各式各樣的食物和異國料理，可以讓你的經濟學飲食更豐富，而且更均衡健康。

第二，你應該打開心胸嘗試新事物。我克服了自己對胡蘿蔔只能煮成鹹食的偏見，慢慢愛上胡蘿蔔蛋糕；反之，即使你只知道番茄可以做成鹹食，

---

* 我承認這趟旅程是順著我獨樹一幟的意識流走，但我自認沒有毀了英國劇作家阿倫·班尼特（Alan Bennett）和德國作家W·G·澤巴爾德（W. G. Sebald）擅長的這個文類。

如義大利麵醬、沙拉和燉菜，你也應該至少把它當成水果吃一次看看（番茄確實是一種水果呀），像韓國人一樣沾糖吃（請見〈胡蘿蔔〉）。如果連曾經是全世界在飲食方面最保守的英國人都能變成世界上最開放的老饕（請見〈大蒜〉），那麼你在經濟學方面也可以做得到。就算只是為了更認識你所擁護的經濟學理論、充分瞭解其優缺點，你也應該學學其他經濟學理論。

第三，就像食物一樣，你應該查明「食材」的來源。即使大部分的專業經濟學家都希望全世界相信他們的學科是一種科學，就像物理學和化學一樣，是以毫無爭議的假定和客觀事實為基礎，但經濟學分析的基礎其實往往是一些迷思，或理論上正確但十分誤導人的「事實」，或者被視為理所當然、實則非常可疑，甚至錯得離譜的假設。用這些品質低劣的食材進行分析，最後得到的經濟學「菜餚」輕則毫無營養、重則有害健康。

最大的經濟學迷思，就是英國和美國能夠接連成為世界經濟強國，是因為實行自由貿易和自由市場政策。事實上，這些國家為了發展自己的產業，曾大力推行保護主義（請見〈蝦子〉和〈牛肉〉）。另外，未支薪照護工作沒有算入國內生產毛額，顯示如果只納入一部分的事實，或用不公允的方式記錄事實，就連產出的統計數字這種「客觀」資訊也可能造成誤導人的結論（請見〈辣椒〉）。關於用不公允的方式記錄事實這一點，有一個很好的例子，那就是人們常常認為窮國會窮，是因為其人民工作不夠勤奮，但是這樣想會偏移我們的焦點，讓我們沒有好好分析和重新思考使這些人窮困的結構性成因（請見〈椰子〉）。

所以，你必須勤於查證事實，更重要的是要勤於找出這些「事實」是靠什麼理論基礎建立的。無論你的經濟學理論有多好，如果你是使用謬誤和不公允的事實呈現方式來進行經濟學分析，就不可能得到好的結果。美國的俗語說得好，輸入垃圾資訊，出來的結果還是垃圾。

第四，你應該發揮想像力。最厲害的廚師（我指的不只是有名的廚師）都有豐富的想像力，能夠看出某些「神聖」的食材應該被捨棄，才能改善或甚至重新發明一道有名的菜。這些廚師能找回被遺忘的食材，並賦予大眾熟知的食材新的意義。他們不會被某些飲食風潮牽著鼻子走，雖然他們明白這些風潮為什麼存在，又有什麼值得學習的地方。最重要的是，好的廚師擁有推翻和結合不同飲食傳統的創意。

同樣地，厲害的經濟學家也能在經濟學領域發揮想像力。我指的不只是學術界的經濟學者，還包括政策制定者、社運人士和熟悉這個主題的公民。他們可以捨棄神聖的食材，例如〈秋葵〉和〈牛肉〉提到的「經濟自由」概念；他們能重新賦予現有食材新的意義，就像〈裸麥〉提到社會民主主義者對「反社會主義」的福利國家所做的事；他們也可以找回被遺忘的食材，像是〈胡蘿蔔〉提到的科技發明的獎金制度。他們不會受到一時的風潮所影響，同時又能理解這些風潮為什麼存在，又有什麼值得學習的地方，就像〈草莓〉和〈巧克力〉提到的失業未來和後工業知識經濟的概念。

除此之外，最厲害的經濟學家應該跟最厲害的廚師一樣，能夠結合不同的理論，獲得較為平衡的觀點。他們明白市場的力量與侷限（請見〈萊姆〉和〈可口可樂〉），同時也知道企業家受到國家支持和適當規範時，方能得到最大的成功（請見〈麵條〉和〈香料〉）。他們應該要很樂意結合個人主義、社會主義乃至更廣泛的集體主義的理論，並依據人類能力（human capability）的相關理論予以加強，以便在不平等、照護工作、福利國家（請依序參見〈雞肉〉、〈辣椒〉、〈裸麥〉）等議題上想出更面面俱到的觀點。

我們每個人都必須找到自己的方法理解和改變經濟，進而理解我們一起生活共享的這個世界，就像我們每個人都必須找到自己的方法吃得更好，不僅是為了自己的健康和荷包，也是為了生產食物的那些人，為了吃不飽或吃不營養的那些人，還有為了我們的星球。

致謝

這本書有一段漫長迂迴的歷史。早在二〇〇六年寫完第一本非學術著作《富國的糖衣》不久之後，我就動起運用飲食故事談論經濟學的念頭。這感覺是個好方法，能吸引平常不會去思考經濟學的讀者，又能讓我有藉口同時談論我的兩大興趣——經濟學和食物。我已不記得確切的時間，但是在二〇〇七年的某個時候，我把這本書的概要大致勾勒出來，然後寫了〈橡實〉和〈鯷魚〉這兩章範本。

然而，突發事件不斷干擾。二〇〇八年爆發全球金融危機，促使我寫一本更貼近當下經濟議題的書，那就是二〇一〇年出版的《資本主義沒告訴你的23件事》。這本書寫完後，我準備重啟「飲食書」的計畫，但是企鵝出版社（Penguin Books）緊接著又邀請我，為他們重新推出的鵜鶘紙本書系列寫第一本書，令我無法拒絕。

那本書在二〇一四年以《拚經濟：一本國民指南》為名出版後，我巴不得馬上開始「飲食書」的進度。二〇一五年，《金融時報》的《周末雜誌》團隊同意刊登我寫的幾篇食物與經濟學文章，以「糧食精神」（Thought for Food）為系列名稱。一篇文章只能寫七百字，但這讓我有機會產出〈橡實〉和〈鯷魚〉更簡短精煉的版本，也寫下這本書部分章節的種子文，包括〈胡蘿蔔〉、〈雞肉〉、〈蝦子〉、〈可口可樂〉、〈巧克力〉和〈香料〉。我要謝謝《周末雜誌》的編輯卡洛琳·丹尼爾（Caroline Daniel）和她的同事伊莎貝爾·伯威克（Isabel Berwick）、蘇·瑪蒂亞斯（Sue Matthias）和娜塔莉·惠特爾（Natalie Whittle）協助我發表這些文章，並給予回饋。

雖然有這個時機湊巧的跳板給我使用，我仍無法啟動「飲食書」計畫，因為不久後，我又因為別的事忙得不可開交，特別是我在大學接下的行政職務。二〇一〇年代接近尾聲時，我已經想寫這本書想了十年以上，它似乎就要變成作家老是說要寫，卻從來沒寫成的那種書了。

我不能讓這種事發生，於是在二〇二〇年，我終於硬著頭皮開始跟我的文學經紀人兼好友伊凡．馬爾卡希（Ivan Mulcahy）合作，要「生」出這本書。打從我在二〇〇七年醞釀出這個想法之後，伊凡就一直有跟我討論這本書，當我認真要動筆時，他催促我寫下這本書明確的概念框架。我察覺到，當時若沒有這個框架，這本書很容易就會一團亂。〈大蒜〉（我是指那個章節，不是那個食物）在這個過程中被創造出來，從那之後，這本書真的起飛了。我要謝謝伊凡說服我具體寫下這本書的概念，還幫助我鍛鍊文筆、改進論述的品質。

當一本書像這樣醞釀了這麼久，作者的好友們難免會有這樣的經歷：有個人一直反覆談論同一本書談了十年以上。強納森．阿爾德雷德（Jonathan Aldred）、阿迪提亞．恰克拉博蒂（Aditya Chakrabortty）、克里斯．克拉默（Chris Cramer）、強納森．狄．約翰（Jonathan Di John）、菲力克斯．馬丁（Felix Martin）和迪帕克．納耶（Deepak Nayyar）是那群不幸的朋友當中最了不起的成員。他們全都耐心傾聽我的想法和碎碎念，也在這些年來讀了許多章節的不同版本，給我寶貴的意見。我要特別把鄧肯．格林提出來講。這本書還只有兩頁大綱和幾章非常簡略的草稿時，他就開始跟我討論這本書。這些年來，他讀了不同章節的許多個版本，甚至大方地同意成為其中一個章節的主角。

寫作過程順利開展後，我受到本書編輯很大的幫助，他們是企鵝藍燈書屋的蘿拉．史提克尼（Laura Stickney，她也是《拚經濟：一本國民指南》的編輯）和公共關係出版社（Public Affairs）的克里夫．普利多爾（Clive Priddle）。他們不僅在內容和編輯方面給了我很多重要的評語，也幫助我把這本書塑造得比當初所想更令人興奮又充滿創意。

在撰寫這本書的過程中，朋友給了我很多想法。指導我撰寫博士論文、把我培育成經濟學者的鮑伯．羅索恩（Bob Rowthorn）讀了所有的書稿，給我既有用又充滿鼓勵的評語；德里科．本寧霍夫和海蓮娜．培瑞茲．尼諾（Helena Perez Niño）讀完所有的章節，分享他們博學的知識和經濟學邏輯，協助豐富了我的論點；佩德羅．曼德斯．羅瑞洛幾乎把所有的章節都讀完，促使我強化論點；喬斯坦・豪蓋和若奧・席爾瓦（João Silva）也為所有的章節提供很有幫助的意見；馬丟士・拉布魯尼和安迪・羅賓遜讀過許多章節，在經濟學和飲食方面都給了我有用的評語。

巴蒂斯特・阿爾貝托內（Baptiste Albertone）、法迪・阿默（Fadi Amer）、安東尼奧・安德里尼（Antonio Andreoni）、吉米・陳（Jimmy Chan）、張夏碩（Hasok Chang）、瑞達・謝里夫、席爾瓦娜・達寶拉（Silvana Da Paula）、蓋瑞・德姆斯基（Gary Dymski）、泰瑞・弗賴（Terry Fry）、福阿德・哈薩諾夫（Fuad Hasanov）、艾咪・克拉茨金（Amy Klatzkin）、約翰・蘭切斯特（John Lanchester）、阿米爾・勒迪威（Amir Lebdioui）、李妅恩、康納・穆森（Connor Muesen）、大衛・皮林（David Pilling）、尼可拉斯・彭維儂（Nicolas Pons-Vignon）、詹姆斯・普澤爾（James Putzel）和賽巴斯蒂安・托瑞斯（Sebastián Torres）都讀了不少章節，給了我非常有用的意見。

這些年來，不少年輕人為這本書做了背景研究，讓這本書在經濟學和飲食方面更豐富。瑪麗特・安德里森（Marit Andreassen）和安娜・里默（Anna

Rimmer）在這方面表現得非常優秀，值得特別一提。此外，我也要感謝巴蒂斯特・阿爾貝托內、張辰圭、馬丟士・拉布魯尼和尼克・特斯塔（Nick Testa）給予有效率又傑出的研究協助。

形塑我們飲食經驗最重要的人就是我們的家人。我要謝謝我的父母教我什麼是好的食物，以及好的食物對我們的健康和社會連結有多麼重要。我母親煮過無數道美味的佳餚，而我父親則帶著我和弟妹、後來還有我的妻小去吃過無數間很棒的餐廳。我要謝謝我的岳母讓我進入她的飲食世界，她的飲食世界跟我的母親很不一樣，因為她來自韓國西南部的全羅道，那裡的飲食是出了名地多元而複雜，而我母親則是來自今天的北韓，那裡的食物比較樸實豐足。我的岳父是一位老饕，在這本書撰寫初期離世，是我一生中經歷過最悲傷的事件。我要謝謝他大方地跟我和妻小分享許多美妙的飲食經驗。

我的妻子姬廷、女兒維娜和兒子辰圭跟這本書斷斷續續相處了十五年。他們買了、吃了、煮了、跟我一起討論了這本書提到的許多食物和菜餚，並在過程中（有時是無意識地）啟發我，讓我寫出書中的飲食故事或加以改進。這些年來，他們一直都是我最先投靠的對象，也常常在許多領域教會我很多想法，包括經濟學、歷史、環境和科學等。他們讀過所有的章節，給了我非常有幫助的回饋。尤其是姬廷，她在寫作過程中跟我討論所有章節的多個版本，並協助我度過困難時期。我要特別謝謝她督促我寫下照護工作的〈辣椒〉章節，因為我雖然一直覺得這個主題很重要，卻擔心我沒有資格書寫。研究這個主題、撰寫這個章節教了我許多道理。我要把這本書獻給她、維娜和辰圭。

張夏準

二〇二二年三月

參考來源

1. 數據來自大韓民國（南韓）的農林畜產食品部。
2. http://library.mafra.go.kr/skyblueimage/27470.pdf, p. 347.
3. ISMEA (Institute of Services for the Agricultural Food Market), Il Mercarto dell'aglio, p. 9, http://www.ismeamercati.it/flex/cm/pages/ServeBLOB.php/L/IT/IDPagina/3977.
4. FranceAgriMer, the National Institute of Agricultural Products and Sea Products, https://rnm.franceagrimer.fr/bilan_campagne?ail.
5. 西班牙的其他豬種就沒那麼幸運了。今天，西班牙大部分的豬都飼養在擁擠的工廠化養豬廠裡，餵食加工黃豆。請見：https://www.lavanguardia.com/internacional/20201224/6143002/navidad-soja-pavo-embutido-procedencia-amazonia.html。我要謝謝安迪・羅賓遜告訴我這件事。
6. D. Gade, 'Hogs (Pigs)', in K. Kiple and K. Ornelas (eds.), *The Cambridge World History of Food* (Cambridge: Cambridge University Press, 2000), pp. 539–40.
7. C. Roden, *The Book of Jewish Food – An Odyssey from Samarkand and Vilna to the Present Day* (London: Penguin Books, 1996), pp. 190–91.
8. 引言取自1915年8月18日的《日本時報》。
9. B. Webb, *The Diary of Beatrice Webb: The Power to Alter Things*, vol. 3, edited by N. MacKenzie and J. MacKenzie (London: Virago/LSE, 1984), p. 160.
10. S. Webb and B. Webb, *The Letters of Sidney and Beatrice Webb*, edited by N. MacKenzie and J. MacKenzie (Cambridge: Cambridge University Press, 1978), p.375.
11. 韓國識字率的數據來自：N. McGinn et al., *Education and Development in Korea* (Cambridge, Mass.: Harvard University Press, 1980), table 17；泰國、菲律賓和馬來西亞的數據來自：UNESCO *Statistical Yearbooks*。

12. https://data.oecd.org/hha/household-savings.htm.
13. 關於秋葵起源的爭論，請見：C. Smith, *The Whole Okra – A Seed to Stem Celebration* (White River Junction, Vermont: Chelsea Green Publishing, 2019), ch. 1。
14. J. Carney and R. Rosomoff, *In the Shadow of Slavery – Africa's Botanical Legacy in the Atlantic World* (Berkeley: University of California Press, 2009).
15. R. Lipsey, 'U.S. Foreign Trade and the Balance of Payments, 1800–1913', Working Paper no. 4710, NBER (National Bureau of Economic Research), Cambridge, Mass., 1994, p. 22, table 10.
16. M. Desmond, 'In Order to Understand the Brutality of American Capitalism, You Have to Start on the Plantation', *New York Times*, 14 August 2019, https://www.nytimes.com/interactive/2019/08/14/magazine/slavery-capitalism.html.。我的巴西籍經濟學友人佩德羅・曼德斯・羅瑞洛告訴我，當時的另一個主要奴隸經濟體巴西也發生過同樣的事。
17. K. G. Muhammad, 'The Sugar That Saturates the American Diet Has a Barbaric History as the "White Gold" That Fueled Slavery', *New York Times*, 14 August, 2019, https://www.nytimes.com/interactive/2019/08/14/magazine/sugar-slave-trade-slavery.html.
18. 棕櫚心「被稱作『百萬富翁的沙拉』，因為人們認為只有非常有錢的人才捨得砍下整棵棕櫚樹，砍掉葉莖，取出可食用的內芯部位。請見：H. Harries, 'Coconut', in Kiple and Ornelas (eds.), *The Cambridge World History of Food*, p. 389。
19. 關於椰子油在炸魚薯條店的運用，資料來源同註解18，p. 390。關於炸魚薯條的猶太起源，請見：任韶堂，《餐桌上的語言學家》（台北：麥田，2020年）第三章〈從糖醋燉肉到炸魚薯條〉。
20. 有時，這個模型會擴張成兩種商品——椰子和魚——的經濟體，至少魚的部分沒有說錯。關於「魯賓遜經濟體」模型，請見：https://en.wikipedia.org/wiki/Robinson_Crusoe_economy。

21. 各國數據可在世界銀行的網站找到：https://data.worldbank.org/indicator/SL.TLF.ACTI.ZS。
22. 布吉納法索42%；貝南41%；喀麥隆、查德和獅子山39%。請見：https://data.unicef.org/topic/child-protection/child-labour/。
23. 在2017年，柬埔寨、孟加拉、南非和印尼每年的工時分別為2,455、2,232、2,209和2,024個小時。同一年，德國、丹麥、法國、日本和美國每年的工時分別為1,354、1,400、1,514、1,738和1,757個小時。請見：https://ourworldindata.org/working-hours。
24. 請見：張夏準，《資本主義沒告訴你的23件事》（台北：天下雜誌，2020年）第三件事〈大多數富裕國家中的人，薪酬都超過應有的水準〉。
25. S. Collier and W. Sater, *A History of Chile, 1808–2002*, 2nd edition (Cambridge: Cambridge University Press, 2004).
26. A. Doyle, 'Mangroves Under Threat from Shrimp Farms: U.N.', Reuters.com, 14 November 2012, https://www.reuters.com/article/us-mangroves/mangroves-under-threat-from-shrimp-farms-u-n-idUSBRE8AD1EG20121114.
27. S. Hussain and R. Badola, 'Valuing Mangrove Benefits', *Wetlands Ecology and Management*, 2010, vol. 18, pp. 321–31.
28. Z. Wood, 'Insects Tipped to Rival Sushi as Fashionable Food of the Future', *Guardian*, 25 June 2019, https://www.theguardian.com/business/2019/jun/25/insects-tipped-rival-sushi-fashionable-food-of-future。豬肉的對應數據分別是1.1公斤和5公斤，雞肉的溫室氣體數據無法取得，但每1公斤的活體雞需要2.5公斤的飼料。
29. 昆蟲生產1公克的蛋白質需要23公升的水和18平方公尺的土地，牛肉則是112公升和254平方公尺。豬肉的對應數據分別是57公升和63平方公尺，而雞肉的數據則是34公升和51平方公尺。資料來源同註解28。
30. 資料來源同註解28。

31. 然而，傑佛遜最後還是接受了漢彌爾頓的觀點，雖然那個時候漢彌爾頓早就過世（他在1804年跟傑佛遜的副手阿龍．伯爾〔Aaron Burr〕進行手槍決鬥身亡）。在1816年寫給班傑明．奧斯丁（Benjamin Austin）的信件中，傑佛遜說：「你告訴我，那些希望我們在製造業上繼續依賴英國的人引用了我的話。曾幾何時，人們引用我的話還會更坦率一點，但是才過了不到三十年，情況卻大大改變了！……經驗告訴我，製造業現在對我們的獨立地位就跟對我們的生活舒適一樣必要。如果引用我先前不同想法的人可以跟上我的轉變，無論價格有無差異，都不向外國購買國內就能買到的紡織品，那麼假如我們無法很快地在國內產出符合我們需求的供應量，把令人苦惱的武器從使著該武器的那隻手奪走，那也不會是我們的錯。」請見：https://founders.archives.gov/documents/Jefferson/03-09-02-0213#X50DC34AA-636D-4AC2-9AA0-91032A2AA417。
32. https://instantnoodles.org/en/noodles/report.html.
33. 根據《韓國經濟新聞》這篇文章（內容以韓文寫成）：https://www.hankyung.com/news/article/2013041875301。韓國有5,100萬人，所以等於每人每年吃下11份炸醬麵。如果再加上泡麵，就等於每人每年吃下90份左右的鹼麵。
34. 這是喬治亞羅自己在1991年受訪時所說的：https://jalopnik.com/this-pasta-was-designed-by-the-man-who-designed-the-del-5594815。
35. https://bravearchitecture.com/praxis/giorgetto-giugiaros-inventive-marille-pasta/.
36. https://jalopnik.com/this-pasta-was-designed-by-the-man-who-designed-the-del-5594815.
37. http://www.autotribune.co.kr/news/articleView.html?idxno=2505 (in Korean)和https://oldcar-korea.tistory.com/61 (in Korean).
38. 通用汽車的五大品牌同年總共生產478萬輛汽車，若以生產汽車數量由多到少進行排序，這五大品牌分別是雪佛蘭（一年生產210萬輛左右）、龐帝克、別克、奧斯摩比和凱迪拉克。福特在1976年生產了186萬輛汽車。請見：https://en.wikipedia.org/wiki/U.S._Automobile_Production_Figures。

39. https://en.wikipedia.org/wiki/List_of_manufacturers_by_motor_vehicle_production。原始數據來自世界汽車工業國際協會。

40. 在1976年，南韓的平均每人所得換算下來相當於今天的834美元。同一年，厄瓜多的數據是1,264美元，墨西哥則是1,453美元。數據來自世界銀行：https://data.worldbank.org/indicator/NY.GDP.PCAP.CD。

41. 關於美國在二次世界大戰以前的保護主義，請見：H.-J. Chang, *Kicking Away the Ladder* (London: Anthem Press, 2002), ch. 2；張夏準，《富國的糖衣》（台北：天下雜誌，2020年）第二章。

42. 關於美國政府在資訊時代基礎科技的發展上所扮演的角色，請見：F. Block, 'Swimming Against the Current: The Rise of a Hidden Developmental State in the United States', *Politics and Society*, vol. 36, no. 2 (2008)；瑪里亞娜・馬祖卡托，《打造創業型國家：破除公私部門各種迷思，重新定位政府角色》（台北：時報出版，2021年）；L. Weiss, *America Inc.?: Innovation and Enterprise in the National Security State* (Ithaca, New York: Cornell University Press, 2014)。

43. 關於橘色胡蘿蔔的起源故事，請見：
http://www.carrotmuseum.co.uk/history.html
https://www.economist.com/the-economist-explains/2018/09/26/how-did-carrots-become-orange
https://www.washingtonpost.com/blogs/ezra-klein/post/carrots-are-orange-for-an-entirely-political-reason/2011/09/09/gIQAfayiFK_blog.html。

44. A. Dubock, 'Golden Rice: To Combat Vitamin A Deficiency for Public Health', https://www.intechopen.com/books/vitamin-a/golden-rice-to-combat-vitamin-a-deficiency-for-public-health.

45. 張夏準，《富國的糖衣》第六章；J. Stiglitz, *Making Globalization Work* (New York: W. W. Norton & Co., 2007), ch. 4.。

46. 最後，哈里森只得到18,750英鎊（今天相當於300萬英鎊）。請見：D. Bradbury,

'Valuing John Harrison's Work – How Much Is That ￡20,000 Longitude Reward Worth Today?' Office for National Statistics, https://blog.ons.gov.uk/2020/01/17/valuing-john-harrisons-work-how-much-is-that-20000-longitude-reward-worth-today)/。我要謝謝費德里科・本寧霍夫（Federico Benninghoff）提醒我獎金制度對經線儀的發明有多重要。

47. 在2021年，烏拉圭平均每人擁有的牛隻為3.45頭，是世界上最多的，遙遙領先第二名的紐西蘭（2.1頭），而紐西蘭又遙遙領先阿根廷和巴西（都是1.2頭）。數據來自美國農業部，請見：https://beef2live.com/story-world-cattle-inventory-vs-human-population-country-0-111575。
48. S. Meghji, 'How a Uruguayan Town Revolutionised the Way We Eat', *BBC Travel*, 7 January, 2019, https://www.bbc.com/travel/article/20190106-how-a-uruguayan-town-revolutionised-the-way-we-eat).
49. 出自國際化學哲學學會在2015年年會上報告的一篇論文，請見：L. Lewowicz, 'Justus von Liebig in Uruguay? His Last Ten Years of Research'，https://www.researchgate.net/publication/279263915_Justus_von_Liebig_in_Uruguay_His_last_ten_years_of_research。
50. P. Russell, 'History Cook: Lemco', *Financial Times*, 13 August, 2012, https://www.ft.com/content/6a6660e6-e88a-11e1-8ffc-00144feab49a.
51. Meghji, 'How a Uruguayan Town Revolutionised the Way We Eat'.
52. 在1942年11月的高峰期，運往英國的糧食有9%都被德國軍艦擊沉。莉琪・科林漢，《戰爭的滋味：為食物而戰，重整國際秩序的第二次世界大戰》（台北：麥田，2021年）。根據烏拉圭新聞網站MercoPress的文章，同盟國送往蘇聯的罐頭肉品有15%是烏拉圭的鹽醃牛肉，請見：'Uruguayan Town Puts Historic Support to Soviet Troops During Battle of Stalingrad on Display'，https://en.mercopress.com/2021/08/09/uruguayan-town-puts-historic-support-to-soviet-troops-during-battle-of-stalingrad-on-display。

53. P. Pickering and A. Tyrell, *The People's Bread: A History of the Anti-Corn Law League* (London and New York: Leicester University Press, 2000), p. 6.

54. 造成這次廢法的因素就跟造成任何重大變革的因素一樣，背後有一個牽涉到各種經濟利益、觀念和制度的複雜故事，這篇短文無法充分說明。這篇文獻詳細分析了1846年《穀物法》的廢除：Pickering and Tyrell, *The People's Bread* 以及 S. Schonhardt-Bailey, *From the Corn Laws to Free Trade - Interests, Ideas, and Institutions in Historical Perspective* (Cambridge, Mass.: The MIT Press, 2006)。這次廢法使傳統上維護農業利益——特別是農業地主的利益——的托利（保守）黨分裂。廢法後，包括首相羅伯特・皮爾（Robert Peel）在內投票贊成廢法的議員脫離該黨，另組皮爾黨。因為這次分裂，托利黨在之後20年大部分的時間都沒有上台執政。

55. 米爾頓・傅利曼和蘿絲・傅利曼，《選擇的自由》（台北：經濟新潮社，2021年）。

56. 關於這個觀點的典型例子，請見：J. Bhagwati, *Protectionism* (Cambridge, Mass.: The MIT Press, 1985); 以及 J. Sachs and A. Warner, 'Economic Reform and the Process of Global Integration', *Brookings Papers on Economic Activity*, no. 1 (1995)。

57. K. Fielden, 'The Rise and Fall of Free Trade', in C. Bartlett (ed.), *Britain Pre-eminent: Studies in British World Influence in the Nineteenth Century* (London: Macmillan, 1969).

58. P. Bairoch, *Economics and World History – Myths and Paradoxes* (Brighton: Wheatsheaf, 1993), pp. 41–2.

59. 更多細節，請見：張夏準，《富國的糖衣》第二章；還想瞭解更多細節，請見：Chang, *Kicking Away the Ladder*；Bairoch, *Economics and World History*。

60. https://www.infoplease.com/world/countries/territories-colonies-and-dependencies.

61. 關於牛肉產業如何摧毀亞馬遜雨林，進而危害地球，請看看這份令人心驚的報告：A. Robinson, *Gold, Oil and Avocados: A Recent History of Latin America in*

Sixteen Commodities (New York: Melville House Books, 2021), ch. 14, 'Beef (Pará) – The Capital of Ox'。

62. UNCTAD (United Nations Conference on Trade and Development), 'Banana: An INFOCOMM Commodity Profile', 2016, https://unctad.org/system/files/official-document/INFOCOMM_cp01_Banana_en.pdf), p. 5.
63. 在2014年，常見的香蕉共輸出1,700萬公噸，至於煮食香蕉只有輸出90萬公噸。請見：UNCTAD, 'Banana', p. 5。
64. FAO (Food and Agricultural Organization), 'Banana Facts and Figures', https://www.fao.org/economic/est/est-commodities/oilcrops/bananas/bananafacts#.Ye4JAFjP10s).
65. 同註解64。
66. J. Carney and R. Rosomoff, *In the Shadow of Slavery – Africa's Botanical Legacy in the Atlantic World* (Berkeley: University of California Press, 2009), p. 34.
67. 同註解66。
68. 同註解66。
69. 同註解66，p. 40。
70. 同註解66，p. 40。
71. 同註解66，p. 35。
72. Robinson, *Gold, Oil and Avocados*, p. 119.
73. G. Livingstone, *America's Backyard: The United States and Latin America from the Monroe Doctrine to the War on Terror* (London: Zed Press, 2009), p. 17.
74. 丹恩·凱波，《香蕉密碼：改變世界的水果》（台北：馥林文化，2009年）。
75. 在1898到1934年間，美軍一共入侵加勒比海和拉丁美洲的十個國家不下28次，大部分都是代表香蕉公司。請見：丹恩·凱波，《香蕉密碼：改變世界的水果》（台北：馥林文化，2009年）。關於美軍侵略和占領這些國家的細節，請見聯合果品歷史協會的網站：https://www.unitedfruit.org/chron.htm。
76. 丹恩·凱波，《香蕉密碼：改變世界的水果》（台北：馥林文化，2009年）

77. E. Posada-Carbo, 'Fiction as History: The *Bananeras* and Gabriel García Márquez's *One Hundred Years of Solitude*', *Journal of Latin American Studies*, vol. 30, no. 2 (1998).

78. 關於歐·亨利在宏都拉斯的流放經歷及香蕉共和國一詞的源起，請見：M. McLean, 'O. Henry in Honduras', *American Literary Realism, 1870–1910*, vol. 1, no. 3 (Summer 1968)。也請見：丹恩·凱波，《香蕉密碼：改變世界的水果》（台北：馥林文化，2009年）。

79. R. Monge-Gonzalez, 'Moving Up the Global Value Chain: The Case of Intel Costa Rica', ILO Americas Technical Report, 2017/8, International Labour Organization, 2017, https://www.ilo.org/wcmsp5/groups/public/---americas/---ro-lima/documents/publication/wcms_584208.pdf.

80. K. S. Na, 'The Motor Force of Our Economy – 50 Year History of Semi-conductor', http://www.economytalk.kr/news/articleView.html?idxno=130502 (in Korean).

81. https://data.worldbank.org/indicator/TX.VAL.TECH.MF.ZS.

82. 更多細節，請見：H.-J. Chang, 'Regulation of Foreign Investment in Historical Perspective', *European Journal of Development Research*, vol. 16, no. 3 (2004)。

83. 更多關於愛爾蘭的細節，請見：H.-J. Chang, 'Regulation of Foreign Investment in Historical Perspective', *European Journal of Development Research*, vol. 16, no. 3 (2004)。關於新加坡，請見：M. Kuan, 'Manufacturing Productive Capabilities: Industrial Policy and Structural Transformation in Singapore', PhD dissertation, University of Cambridge, 2015.。

84. 湯姆·斯丹迪奇，《歷史六瓶裝：啤酒、葡萄酒、烈酒、咖啡、茶與可口可樂的文明史》（台北：聯經，2006年）。

85. M. Pendergrast, *For God, Country, and Coca-Cola: The Definitive History of the Great American Soft Drink and the Company That Makes It*, 3rd edition (New York: Basic Books, 2013), p. 425.

86. 接下來三個段落有關可口可樂起源的描述，主要引自：M. Pendergrast, *For God, Country, and Coca-Cola: The Definitive History of the Great American Soft Drink and the Company That Makes It*, 3rd edition (New York: Basic Books, 2013), p. 425.。
87. 湯姆・斯丹迪奇，《歷史六瓶裝：啤酒、葡萄酒、烈酒、咖啡、茶與可口可樂的文明史》（台北：聯經，2006年）。
88. 'History of Coca-Cola', InterExchange, https://www.interexchange.org/articles/career-training-usa/2016/03/08/history-coca-cola/.
89. Pendergrast, *For God, Country, and Coca-Cola*, p. 30.
90. E. Abaka, 'Kola Nut', in Kiple and Ornelas (eds.), *The Cambridge World History of Food*, p. 684.
91. 資料來源同註解90，pp. 688–90。引言的部分引自：p. 690。
92. D. Starin, 'Kola Nut: So Much More Than Just a Nut', *Journal of the Royal Society of Medicine*, vol. 106, no. 12 (2013).
93. Carney and Rosomoff, *In the Shadow of Slavery – Africa's Botanical Legacy in the Atlantic World*, pp. 70–71. Also see Abaka, 'Kola Nut', p. 688.
94. V. Greenwood, 'The Little-known Nut That Gave Coca-Cola Its Name', BBC (https://www.bbc.com/future/article/20160922-the-nut-that-helped-to-build-a-global-empire).
95. 湯姆・斯丹迪奇，《歷史六瓶裝：啤酒、葡萄酒、烈酒、咖啡、茶與可口可樂的文明史》（台北：聯經，2006年）。
96. B. Delaney, 'It's Not Cocaine: What You Need to Know About the Pope's Coca Drink', *Guardian*, 9 July 2015.
97. H.-J. Chang, J. Hauge and M. Irfan, *Transformative Industrial Policy for Africa* (Addis Ababa: United Nations Economic Commission for Africa, 2016).
98. 根據聯合國農糧組織，在2019年，德國生產323萬公噸的裸麥，其次是波蘭（242萬公噸）、俄國（143萬公噸）、丹麥（88萬公噸）和白羅斯（75萬公噸）。請見：http://www.fao.org/faostat/en/#data/QC。

99. 富國約有三分之一的稅金來自間接稅，而在開發中國家，這個比例占了政府稅收的一半。請見：https://www.oecd.org/tax/tax-policy/global-revenue-statistics-database.htm。

100. https://www.ons.gov.uk/peoplepopulationandcommunity/personalandhouseholdfinances/incomeandwealth/bulletins/theeffectsoftaxesandbenefitsonhouseholdincome/financialyearending2018.

101. 在2019年，美國花了國內生產毛額的17%在醫療保健上，而經濟合作暨發展組織的成員國平均只有8.8%。從其中幾個國家來看，這個數字分別是：瑞士12%、德國11.7%、英國10.3%、芬蘭9.1%、義大利8.7%和愛爾蘭6.8%。請見：https://data.oecd.org/healthres/health-spending.htm。

102. 關於福利國家提升經濟動能的深入討論，請見：張夏準，《資本主義沒告訴你的23件事》（台北：天下雜誌，2020年）第二十一件事〈大政府讓人們更樂於接受改變〉。

103. S. Walton, *The Devil's Dinner – A Gastronomic and Cultural History of Chilli Peppers* (New York: St Martin's Press, 2018), p. 21.

104. 測量辣椒辣度還有其他更客觀科學的方式，像是高效液相層析儀，但這個方法不是專門測量辣椒辣度用的。例如，它可以測試運動員有沒有用藥。請見：S. Walton, *The Devil's Dinner – A Gastronomic and Cultural History of Chilli Peppers* (New York: St Martin's Press, 2018), pp. 18–20。

105. 隨便翻閱任何一本川菜食譜或有關川菜的書籍就可以知道了，像是這本特別令人喜愛的飲食回憶錄：扶霞．鄧洛普，《魚翅與花椒：英國妹子的中國菜歷險》（台北：貓頭鷹，2017年）。

106. 關於使用國內生產毛額測量人類幸福指數的侷限，請見：張夏準，《拚經濟：一本國民指南》（台北：雅言文化，2018年）。想要更深入瞭解，請見：淩大為，《你的幸福不是這個指數》（台北：聯經，2019年）。

107. 包括預期需求、辨識滿足需求的選項、做出決定和監控進度等四個步驟。達明澤在研究中顯示，這樣的認知勞動有很大的比例是由女性完成，特別是預期和監控這兩件事。請見：A. Daminger, 'The Cognitive Dimension of Household Labor', *American Sociological Review*, vol. 84, no. 4 (2019)。

108. 關於以市價估計未支薪照護工作之價值的各種方式，請見：凌大為，《你的幸福不是這個指數》（台北：聯經，2019年）第三章。

109. N. Folbre, *The Rise and Decline of Patriarchal Systems – An Intersectional Political Economy* (London: Verso, 2020)。關於退休金制度性別偏見的解決措施範例，請見：Women's Budget Group, 'Pensions and Gender Inequality: A Pre-budget Briefing from the Women's Budget Group', March 2020, https://wbg.org.uk/wp-content/uploads/2020/02/final-pensions-2020.pdf。

110. 關於性別歧視跟種族歧視等其他歧視是如何互動，導致某些職業「女性化」的完整論述，請見：Folbre, *Rise and Decline*。

111. 關於這些改變的進一步討論，請見：The Care Collective, *The Care Manifesto – The Politics of Interdependence* (London: Verso, 2020)。

112. https://www.guinnessworldrecords.com/world-records/largest-empire-by-population.

113. https://www.guinnessworldrecords.com/world-records/largest-empire-(absolute).

114. 根據英國國家統計局的數據，英國本島在1938年的人口估計有4千6百萬：https://www.ons.gov.uk/peoplepopulationandcommunity/populationandmigration/populationestimates/adhocs/004357greatbritainpopulationestimates1937to2014。這也就表示，本島以外的帝國人口有4億8千5百萬，為本島人口的10.5倍。

115. P. K. O'Brien, 'State Formation and the Construction of Institutions for the First Industrial Nation' in H.-J. Chang (ed.), *Institutional Change and Economic Development* (Tokyo: United Nations University Press, and London: Anthem Press, 2007).

116. 同註解115。

117. 同註解 115。

118. P. Laszlo, *Citrus – A History* (Chicago: The University of Chicago Press, 2007), pp. 88–90.

119. C. Price (2017), 'The Age of Scurvy', *Distillations*, Science History Institute, https://www.sciencehistory.org/distillations/the-age-of-scurvy.

120. 同註解 119。

121. 根據英國作家菲力普・K・艾倫（Phillip K. Allan）所說：「其他國家的海軍不太願意採取相同的措施。有的國家跟法國一樣，對於供應這麼多水果所需要付出的成本和面對的後勤挑戰感到卻步，有的國家像西班牙，雖然有生產檸檬，卻禁止水手喝酒，因此不接受【把果汁混進酒精的做法】，有的國家則認為皇家海軍的做法很怪。」請見：P. K. Allan, 'Finding the Cure for Scurvy', *Naval History Magazine*, vol. 35, no. 1 (February 2021), https://www.usni.org/magazines/naval-history-magazine/2021/february/finding-cure-scurvy。

122. 皇家海軍位於朴茨茅斯的醫院在 1780 年收治了 1,457 例壞血病。1806 年，這間醫院只剩下 2 例壞血病。請見：Laszlo, *Citrus*, p. 86。

123. J. Eaglin, 'More Brazilian than Cachaça: Brazilian Sugar-based Ethanol Development in the Twentieth Century', *Latin American Research Review*, vol. 54, no. 4 (2019).

124. 同註解 123。

125. 嚴格來說，就連這些替代能源也會產生溫室氣體，因為建造和操作產能設備會使用到化石燃料。例如，風力發電機是用鋼鐵、樹脂和水泥製成，運轉期間需要用到潤滑劑，這些東西目前都是使用化石燃料製造的。關於風力發電機，請見：瓦茲拉夫・史密爾，《數字裡的真相：71 個最透澈的世界觀察》（台北：天下文化，2021 年）〈為什麼風力發電需要化石燃料〉。

126. 關於化石燃料如何被用來生產這些材料，請見：瓦茲拉夫・史密爾，《這個世界運作的真相：以數據解析人類經濟和生存的困局與機會》（台北：商周，2022 年）。

127. X. Xu et al., 'Global Greenhouse Gas Emissions from Animal-Based Foods Are Twice Those of Plant-Based Foods', *Nature Food*, September 2021.

128. 同註解127。

129. 想要深入瞭解，請見：A. Anzolin and A. Lebdioui, 'Three Dimensions of Green Industrial Policy in the Context of Climate Change and Sustainable Development', *European Journal of Development Research*, vol. 33, no. 2 (2021)。

130. 這跟經濟學行為學派的根本觀點相符。行為學派認為，決策最重要的侷限因素是我們有限的心智能力（稱作「有限理性」），而非資訊缺乏。關於經濟學的這個（以及其他的）學派，請見：張夏準，《拚經濟：一本國民指南》（台北：雅言文化，2018年）第四章。

131. 航行在印度洋和太平洋的時候，歐洲人必須雇用阿拉伯和南亞水手，因為他們很瞭解這些海域。請見：J. Hobson, *The Eastern Origins of Western Civilization* (Cambridge: Cambridge University Press, 2004), pp. 140–144。這些水手被稱作「*lascar*」，今天在英國開印度餐廳的錫爾赫特人（請見〈香料〉）的祖先也有這些水手。

132. 想瞭解一些政策提案，請見：張夏準，《資本主義沒告訴你的23件事》（台北：天下雜誌，2020年）第二十二件事〈金融市場應該較為低效，而非追求更高效率〉；張夏準，《拚經濟：一本國民指南》（台北：雅言文化，2018年）第八章〈金融：經濟火車頭變頭號亂源〉。

133. 關於水果寶盒裡要不要夾果醬的爭議，請見：'No Such Thing as a Mere Trifle' in Word of Mouth Blog, https://www.theguardian.com/lifeandstyle/wordofmouth/poll/2009/dec/21/perfect-trifle-jelly。

134. B. Neuburger, 'California's Migrant Farmworkers: A Caste System Enforced by State Power', *Monthly Review*, vol. 71, no. 1 (2019)。不只加州有很多墨西哥裔的農場工人。根據此文獻的作者，美國的農場工人有80%是移民，其中大多數是墨西哥人。

135. E. Schlosser, 'In the Strawberry Fields', *The Atlantic*, November 1995, https://www.theatlantic.com/magazine/archive/1995/11/in-the-strawberry-fields/305754/.

136. 同註解135。

137. 由於大部分的農場工人都是採收季才受雇用，不是一年到頭都有工作，因此他們的年收入通常不能以時薪來換算。總部位於華盛頓特區的進步派智庫經濟政策研究所（The Economic Policy Institute）估計，在2015年，農場工人的時薪為12-14美元，高於加州在2017年的基本工資10-10.5美元；然而，農場工人的平均年收入僅為1萬7千5百美元，不到以時薪計算全職收入的60%。請見：P. Martin and D. Costa, 'Farmworker Wages in California: Large Gaps between Full-time Equivalent and Actual Earnings', 2017, https://www.epi.org/blog/farmworker-wages-in-california-large-gap-between-full-time-equivalent-and-actual-earnings/。

138. K. Hodge, 'Coronavirus Accelerates the Rise of the Robot Harvester', *Financial Times*, 1 July 2020, https://www.ft.com/content/eaaf12e8-907a-11ea-bc44-dbf6756c871a.

139. J. Bessen , *Learning by Doing – The Real Connection between Innovation, Wages, and Wealth* (New Haven: Yale University Press, 2015), pp. 96–97。如果我們考量到美國人口在這段期間成長了6倍（從1,280萬成長到7,620萬人，這點貝森沒有考慮到），這就表示平均每人的棉布需求量增加了66.7%。

140. 關於積極勞動市場政策在瑞典和芬蘭的實際運作，請見：大衛・史塔克勒和桑傑・巴蘇，《失控的撙節》（台北：天下文化，2014年）第七章〈返回工作〉。

141. E. Purser, 'The Great Transatlantic Chocolate Divide', *BBC News Magazine*, 15 December 2009 (http://news.bbc.co.uk/1/hi/magazine/8414488.stm#:~:text=A%20Cadbury%20Dairy%20Milk%20bar,Hershey%20bar%20contains%20just%2011%25).

142. 根據聯合國工業發展組織最新的數據，瑞士在2015年平均每人的製造業附加價值是14,404美元（2010年的價格），是目前為止全世界最高的。以一些差距位居第二名的新加坡則是9,537美元。德國（第三名）、美國和中國的數據分別是9,430、5,174和2,048美元。請見：https://www.unido.org/sites/default/files/files/2017-11/IDR2018_FULL%20REPORT.pdf。

143. 張夏準，《拚經濟：一本國民指南》（台北：雅言文化，2018年）。

國家圖書館出版品預行編目 (CIP) 資料

餐桌上的經濟學：從 18 種日常食物，了解政府和財團不說的經濟祕密 / 張夏準作；羅亞琪譯 . -- 初版 . -- 臺北市：三采文化股份有限公司 , 2022.12
面； 公分 . -- (Trend)
譯自：Edible economics : a hungry economist explains the world.
ISBN 978-957-658-949-2(平裝)

1.CST: 總體經濟學

550 111015436

◎封面圖片提供：
Stuart Simpson / Penguin Random House
channarongsds - stock.adobe.com

suncolor
三采文化集團

Trend 79

餐桌上的經濟學：

從 18 種日常食物，了解政府和財團不說的經濟祕密

作者｜張夏準（Ha-Joon Chang） 譯者｜羅亞琪
編輯四部總編輯｜王曉雯 資深編輯｜王惠民 編輯選書｜張凱鈞
美術主編｜藍秀婷 封面設計｜方曉君 版型設計｜方曉君
內頁編排｜新鑫電腦排版工作室 校對｜蔡侑達

發行人｜張輝明 總編輯長｜曾雅青 發行所｜三采文化股份有限公司
地址｜台北市內湖區瑞光路 513 巷 33 號 8 樓
傳訊｜TEL:8797-1234 FAX:8797-1688 網址｜www.suncolor.com.tw
郵政劃撥｜帳號：14319060 戶名：三采文化股份有限公司
本版發行｜2022 年 12 月 2 日 定價｜NT$450